阿武野勝彦 齋藤 潤一 鎌田 麗香 村瀬 史憲 林 雅行 藤原 道 阿部 泰尚 尚

いじめと探偵

GS 幻冬舎新書
308

いじめと探偵／目次

はじめに 9

第1章 探偵にいじめ相談が来るのはなぜか？ 15

はじめに

今日も、私の探偵事務所では、いじめ調査をして欲しいという依頼の電話が鳴りやまない。そのほとんどは、学校でいじめられている子の保護者からのものだ。だが、中には親御さんに内緒で、子供自身が電話してくることもある。

時には、学校の先生までもが「どうもクラスでいじめが起きているようなのだが、なんとかならないか」と電話してくる。

本書のタイトル「いじめと探偵」に違和感を覚える方もおられるだろう。なぜ学校で起きるいじめに探偵が介入するのか、と。だが、実際には、わが子のいじめ問題に遭遇し、探偵に助けを求める親御さんは多い。それには理由がある。

当初は私も、いじめ対策は学校の仕事で、探偵が出向くようなことではないと思った。ところが、相談してくる親御さんの中には「学校にはとっくに相談したが、学校からは『子供がいじめられているというなら、その証拠を持ってこい。証拠がなければ学校は動けない』と言われた」と言う人が少なからずいる。

　また、一言でいじめといっても、さまざまである。使いっ走り、仲間はずれ、といった軽度のものから、度重なる暴力、カツアゲ、中学・高校生による集団クラスメイト・レイプという極めて悪質なものまで存在する。気に入らない女の子を男子に集団レイプさせるために、女子生徒が手引きをして、ターゲットとなる女の子をおびき出す。レイプの最中、手引きした女子生徒がその行為を横で眺めているという、想像を絶する悪質な事例も多数発生している。

　そして、このような事例では、ほとんどの場合、被害生徒本人は、そのことを周囲に相談しない。むしろ必死に隠す。親御さんも、子供の異変には気づいてはいるが、一体何が起きているのかわからない。このような時は、事態を打開する上で探偵の調査が非常に有効だ。

　そもそも探偵の仕事とは、依頼者の要望に沿って、調査する（＝証拠を集める）ことである。依頼者が、警察にも地域社会にも頼る人がいないと感じた事案に関して調査を行い、調査結果を依頼者に報告する。であれば、それがいじめ問題であっても、今日のいじめの実態、学校側の対応などを考えれば、探偵の仕事たり得ると私は考える。

私が、この業界に身を投じて12年、自分の探偵事務所を開設して10年が経過した。今も、主な仕事は、浮気調査、行方不明人調査、詐欺《さぎ》調査などである。いじめ調査の受件（引き受けること）件数は、年間約30で、全体の10分の1にすぎない。だが、これも、れっきとした探偵の業務だ。

実際にいじめ調査をして強く感じるのは、今、一部の家庭や教育現場が、いじめ問題に対して機能不全に陥っているということだ。中学・高校生になると、カネとセックスがらみのいじめが多発する。大人なら即犯罪の凶悪ないじめが、一見ごく普通の子供たちの間で横行している。探偵という中立的な部外者が介入しなければ、このまま多くの生徒・児童が泣き寝入りすることになる。こんな状況が改善されない限り、今後も私は、必要に応じていじめの調査依頼を受件するだろう。

私の事務所が初めていじめ調査を請け負ったのは２００４年。これが探偵業界における初めてのいじめ調査だった。そして、これまでに約２５０件のいじめ調査を行った。電話やメールによるいじめ相談の件数は、年々増え続け、２００６年あたりから年間約５００件に上るようになり、今日までこの数字に大きな変化はない。いじめの内容は多岐にわたると言ったが、電話で相談に乗るだけで解決を見るものも多数存在する。いじめられている生徒本人がそのことを正直に周囲の大人に報告し、親御さんや学校の先生が適切に対処すれば、相談内容の大半は、探偵の出る幕なく解決する。

しかし、現実には家庭や学校の解決能力が低いために、探偵への調査依頼が後を絶たない。私の事務所では、相談は無料、いじめの証拠を集める場合も、当該生徒・児童が校内で集める場合は、無料でその手助けを行う。調査員が尾行、録画などの調査活動を行う場合にのみ、その料金を受け取ることとしている。私の事務所で、探偵が調査するいじめ案件は年間十数件だが、この数字もここ数年変化がない。

滋賀県大津市のいじめ自殺事件をきっかけに、行政が「学校でのいじめ」において救済手続きを開始した件数を調査したという。その結果、大津の事件があった2011年は、対前年比21%増で過去最多だという。だが、前述のように、私の事務所に寄せられるいじめ相談件数に増減はない。たまたま、マスコミが騒いだから、細かく調べてみたら、これまで表に出てこなかったいじめが捕捉されただけのことだろう。つまり、それ以前は見逃していたのだ。

また、今年(二〇一三年)、国会ではいじめ防止対策推進法案が審議され、成立した。この法律が制定され、いじめ問題の解決に効力を発揮し、探偵へのいじめ調査依頼が減少すれば非常に喜ばしい。だが私は、これら政治の動きが、自分たちも努力していますよという行政のある種の言い訳に使われる一方で、いじめがさらに巧妙化し、見えにくくなるのではないかという懸念を抱く。

この本では、私が実際にいじめ調査の現場で見聞きしたいじめの現実を、できるだけリアルに再現し紹介した。そして、いじめられている子供、いじめる子供、親御さん、担任の先生など関係者の心の動きに至るまで可能な限りわかりやすく説明した。調査対象となるいじめの被害生徒・児童の割合は、中学生が半分、高校生が3割、小学生が2割だ。もちろん当事者のプライバシーに配慮し、固有名詞など、特定の個人が判別できる情報は排除し加工したが、この本に書いた出来事は、すべて真実である。

第1章
探偵にいじめ相談が来るのはなぜか？

初めてのいじめ調査「娘が不良になった理由を調べてくれ」

それは、2004年秋のことだった。私が、知人の探偵事務所で探偵としての下積みを経験し、自前の探偵事務所を開設して、ちょうど1年が経過しようとしていた。夕暮れ時、デスクの上に置いてある電話が鳴ったので、出た。

「T．I．U．総合探偵社ですが」

「子供のことで相談したいことがある」

声の感じから40代の男性だと推測できた。

「一体どういうことですか？　ここは探偵社ですよ」

「いや、とにかく相談したいから、一度会ってくれ」その男性はかなり興奮している様子だ。探偵が子供の家出調査など、探偵が子供関係事案を扱うことはあるが、その男性は事実関係も説明せず「とにかく会って相談したい」の一点張りだ。

仕方なく「では話だけでもお聞きしましょう」と答え、事務所で会うことにした。その男性はその日のうちに事務所を訪ねてきた。

仕立ての良いスーツに身を包んだその男性は、頭髪は短く刈り込み、年齢は40代後半だろうか、大手企業の管理職という出《い》で立ち。黒いブリーフケースを持ち、明らかに仕事帰りと思われた。

彼は、事務所に入って座るなり、いきなりまくし立てた。「娘が不良になってしまった、その原因を調べてくれ」電話の口ぶりよりも、さらに興奮度が増しており、話はなかなか要領を得ない。だが、よく聞くと、つまりはこういうことだった。

彼には中学2年生の娘さんがいる。その子は、中高一貫教育の有名私立女子校に通っている。毎日、学習塾にも行く真面目な子だ。ふだんから、親子関係は良好であり、これまで娘は、学校でも問題を起こしたことがない。その娘さんが、突然、補導された。

「お嬢さんが万引きしたので、ウチで預かっている」という電話がドラッグストアの店長からかかってきた。その後、その子が、その店でリップグロスを万引きし、現行犯で店員に捕まったことがわかった。まだ中学生ということで、店も警察には通報しなかった。だが、学校には通報され、謹慎処分を受けた。

その子は、今、1人自習室に隔離される懲罰を受けている最中だという。その事件があって以来、家で娘は泣いてばかり。親御さんが理由を聞いても、何もしゃべろうとしない。母親はパニックに陥っている。だから、どうしてこんなことになってしまったのか調べて欲しい。これがその男性の依頼内容だった。

娘が行方不明になったならともかく、娘が不良になった理由を調べろとは聞いたことがない。

「この人、無茶なこと言うなー」というのが、その時の偽らざる思いだった。しかし、当時は私も事務所を開設して1年そこそこで、今ほど忙しくなかった。考えた末に受件することにした。

調査依頼を引き受けた理由はそれだけではない。依頼主である父親はいじめという言葉は使わなかったが、私には「この娘は、ひょっとしたら誰かに、やらされているんじゃないかな」という直感があった。悪ガキ仲間が、度胸試しと称して友だちに万引きをさせる。これは、私が育った下町でも、かつてはよくあったことだ。しかし、こういうことをするのは、だいたい男の子で、年齢的には小学校高学年に多い。果たして、お嬢様ばかりが通う女子校で同じことが起きるのか確信はなかった。

手始めに娘さんの交友関係を知りたかった私はそのお父さんに質問した。一番仲の良い友だちは誰で、どんな感じの子なのか？　しかし、彼は、ふだんから娘と会話がなく、交友関係をまったく知らなかった。

「では、お母さんはどうですか、娘さんと仲は良いですか?」と尋ねると「家内は娘とよく話す」と言うので、その場で自宅に電話してもらい、直接、お母さんと話をした。お母さんは、「娘は、好きなアイドルのことから友だち関係まで、何でも話すオープンな性格の子だった。最近も、特にストレスを抱えている様子はなかった」と言った。

お母さんと話してみて、いよいよ、誰かに万引きを強要された可能性が高くなったと感じた。そこで、両親の了解を得て、本人には内緒で娘さんを調査員に尾行させることにした。結果的に、この依頼が、私が扱う最初のいじめ調査事案になった。つまり、日本で初めての、私立探偵が扱ういじめ調査事案となったわけだ。

名門私立女子中学校の生徒が友だちの証しに万引き強要

翌日から、万引きした女子中学生の尾行を開始した。具体的には、私を含めた2名の調査員が彼女に張り付いた。その子は、家から学校、学校から進学塾、進学塾から家、というパターン化された毎日を送っていた。家から学校は1人で、学校から塾までの道のりも1人で行動したが、塾から出てくる時は、いつも同じ5、6人の集団の1人として行動した。

集団の服装はまちまちで、ある者は彼女が通う学校の制服を着ていたが、ある者は私服だった。しかし、よく見るとその集団全員が同じ学校に通う生徒たちだとわかった。

探偵は、一度見た人間の顔を記憶する訓練をする。100人でも200人でも、一度見た顔には見覚えがある。そうでなければ探偵は務まらない。彼女が学校から出てくるまで、調査員は校門の近くで待機する。この時、長時間同じ場所にとどまると、不審者が学校の周りにいると勘違いされ、近隣住民に通報される恐れがあるため、学校周辺の張り込みではこまめに移動するよう心がける。

塾から出てくる集団の顔は、皆校門前での張り込みの時に見かけた顔ばかりだ。私服の子は、多分、塾のトイレかどこかで着替えたのだろう。

尾行を開始した時点で、私も含めた調査員は彼女と面識がない。依頼者であるお父さんから渡された彼女の顔写真を手がかりに、本人を識別したが、実際の彼女は写真の女の子よりも表情が暗かった。

尾行を開始して数日で決定的瞬間が訪れた。平日の午後9時頃、いつものように彼女を含めた仲間たちが塾から出てきた。彼女は、集団の中で、いつも最後尾、しかも仲間と少し離れて歩いている。その様子を見て私は、やはり、いじめられているのかなと思った。

繁華街に差し掛かり、コンビニの前で集団が立ち止まる。10メートルほど離れて尾行していた調査員には、1人の子が、彼女に向かって「やれよ」と言う声がはっきりと聞き取れた。その声に促され、彼女はコンビニの中に入っていく。

私も、1人の調査員を近くで待機させたまま、コンビニ店内に入った。彼女は私の存在に気づき、私が視界に入っているうちは売場の隅でじっとして動こうとしない。多分、私を単なる客だと思ったのだろう。私は、彼女から見えない場所に移動し、コンビニ内の防犯用の鏡を通して、彼女の様子をうかがった。

一瞬の出来事だった。周囲を見回し人がいないことを確認した彼女は、商品の口紅を手に取り、そのまま自分の鞄の外ポケットに入れた。私は、すばやく彼女の横に移動し、彼女が手を鞄のポケットから抜く前に、手首を押さえた。そして「戻しなさい」とささやいた。

彼女は震えながら私の顔を見上げた。私の顔をじっと見て「こいつどこから出てきたんだ」とでも言いたげな、呆気《あっけ》にとられた表情をしている。

その様子を店の外から見ていた仲間集団は、一斉にその場から逃げ出した。それもてんでバラバラの方向に。指示を出していたリーダー格と思われる生徒に関しては、外にいたもう1人の調査員が尾行したが、あとは取り逃がしてしまった。

彼女を店外に連れ出した私は、その場で、依頼者である親御さんに電話した。「調査は娘さんに発覚しました。こうなったら、娘さんに、今何が起きているのか説明させてもらえませんか。そのほうがスムーズに事が運びます。娘さんは、私が自宅まで安全に送り届けます」私は親御さんにそう告げ、彼女はその会話を横で聞いていた。

この日は、徒歩で尾行していたので、彼女を自宅に送り届けるためのクルマがなかった。タクシーを拾って、彼女を乗せ私も乗り込む。薄暗いタクシーの後部座席で私は彼女に話しかけた。

自分が探偵であること、お父さんの依頼で調査していたこと、警察官ではないこと、警察に突き出したり、お金を要求したり、体の関係を求めたりすることは絶対にないことを説明した。こういうパニックになりがちな状況では、まずは相手に、私が危害を加える存在ではなく味方である、と理解してもらうことが先決だ。

その上で「やらされたんだね」と問いかけると、彼女は下を向いたままで「うん」と頷いた。

この時、調査の事実を彼女に説明するべきだと判断したのには理由がある。ここから先は本人の協力なくして調査は進展しないからだ。逃げた子供たちの特定には彼女の協力が必要になる。

一旦白状すると、いじめられていた彼女は堰《せき》を切ったように語り出した。これまでに10回以上万引きをした。捕まったのは前回が初めてだ。友だちも全員万引きをしている。万引きは、仲間であることの証しだという。夏休みあたりから数カ月にわたってこの集団は万引きを繰り返していた。

何不自由のない生活を送る、お嬢さん学校の中学生が、仲間の証しとして万引き？「コレ、狂っているな」と私は感じた。私自身も、中学時代は決して品行方正なほうではなかった。むしろやんちゃだったが、彼女たちの心理はまったく理解できなかった。

証拠がなければ学校とも交渉できない

事実を知った彼女のお父さんはカンカンに怒った。「相手の家族も潰してやる」と怒鳴り散らし、それは大変な剣幕だった。ふだん、娘さんと会話がなくても、やはり自分の子供は相当可愛《かわい》いらしい。しかし、事はそう簡単ではない。

調査員はコンビニ前で起こったことの一部始終を、10メートルほど離れた場所から録画していたが、リーダー格の子が万引きの指示を出す時に発した「やれよ」という声までは録音できていなかった。その映像はその子が万引きを強要した決定的な証拠としては弱かった。

リーダー格の子の住所氏名は、当日、調査員がその子を尾行し判明した。

その日の夜から、彼女のケータイには「言わないよね」と口止めをほのめかすメールが入るようになった。差出人はリーダー格の子だ。しかし、何を「言わない」のかは書いていない。その文面だけでは、やはり証拠として弱い。

学校ではすでに依頼者の娘さんに、万引きした不良というレッテルが貼られている。万引きは強要であり、自ら進んで行ったものではないことを証明したいなら、当事者録音で証拠を取るしかない。

当事者録音とは探偵業界用語で、もともとセクハラなどの被害者が、被害の証拠を残すために加害者との会話を録音する行為を指す。このケースでは、万引きを強要された彼女がICレコーダーなどを使って、はっきりと万引きを強要された事実が第三者にわかる仲間同士の会話を、仲間に悟《さと》られないように録音する必要がある。

私は、彼女も含めた家族全員の前で、当事者録音について説明した。私は、彼女に向かって「名誉を挽回《ばんかい》したいならするしかないよ」と伝えた。が、彼女は「一度にいろんなことが起きたから、頭の整理がつかない」と曖昧《あいまい》な返事をした。こういう時探偵は、決して強要はしない。決めるのは被害生徒本人やその家族であり、探偵はノウハウを提供する黒子にすぎない。

その日は、私が当事者録音用に改造した機材、マジックテープを巻き付けたＩＣレコーダーを彼女に渡して、使い方を説明するにとどめた。この機材なら、自分の体のどこにでもくっつけることができる。制服の上着の内側だとカサカサと繊維がすれる音を拾ってしまうので、スカートの内側にくっつけて使うといい。それなら見つからないし、会話もクリアに拾えるとアドバイスした。

会話の内容についても、万引きを強要されたらはっきりと断って欲しい、なぜなら強要の事実がわかる会話でなければ証拠にならないからだとアドバイスした。彼女は不安げな表情で話を聞いていたが、なんと翌日から本人の意志で当事者録音を始めた。

私はメールアドレスとケータイ番号を彼女に教えておいた。すると、彼女は当事者録音開始と同時に、毎日、細かくその日の自分の行動を報告してくるようになった。そして1週間後、彼女がメールでこう知らせてきた。

「今日、〇〇町のコンビニで万引きさせられる」

私たちが、彼女が知らせてきた現場で待ち受けていると、彼女を含む前回と同じ集団が現れ、前回と同じリーダー格の生徒が彼女に万引きを強要し始めた。

時刻は午後10時近かった。この時の会話は凄《すさ》まじかった。リーダー格の生徒が「盗《と》ってこいよ」と言う。彼女は「嫌だ、二度とやりたくない」と答える。それに対し、リーダーは、「じゃあ、他にやったのもバラすぞ」とか「写メ撮ってあるんだぞ」と露骨な脅しを繰り返した。彼女は仕方なく店内に入ったものの、化粧品売場に立ったまま何もしようとしない。

私も含めた調査員は集団から少し離れた場所で一部始終を録画している。

一向に万引きしようとしない彼女の様子を見て、店の外にいる集団は、目に見えてイライラし出す。興奮して、だんだん声を荒らげるようになった。その様子を店内から見ていたコンビニ店主が、怪訝《けげん》に感じたのか店の外に出てきて、集団に向かって「どうしたの」と声をかけた。

これがきっかけとなって、またもや集団は蜘蛛《くも》の子を散らすように逃げていった。だがこれで十分だ。万引き強要の証拠は音声と動画で手に入れることができた。

そしてこの時までには、集団を構成するメンバー全員の住所氏名が調査員の尾行で明らかになっていた。メンバーの素性、役割も把握できている。そして何より、彼女が体を張って出来事の一部始終を記録した音声証拠がある。当事者録音は見事に功を奏した。

「よく頑張ったな」コンビニ店から出てきた彼女に声をかけた。

「うん、頑張った」この時初めて、彼女の目が輝いた。

探偵調査がいじめ問題の解決に寄与

いじめの動かぬ証拠がそろった時点で、探偵の仕事は終了する。これが基本だ。依頼者である親御さんや学校側から特別な要請がない限りは、ここから先は、いじめを受けた被害生徒とその保護者、いじめた側の加害生徒とその保護者、学校の間で問題を解決することになる。

今回の万引き強要ケースで、私たちが作成した調査資料は300ページにも及んだ。その資料に概要書と、添付資料として、音声、動画の記録をつけて、依頼者に提出した。請求書もこの時、提出する。資料を提出する際には、基本的に依頼主の自宅に出向くが、この時もそうした。

資料を提出する時、私は依頼者、つまり被害生徒のお父さんに「時間がかかって申し訳ありませんでした。量が多かったものですから」と言った。が、依頼者は、私の言葉など耳に入らない様子だ。

資料を受け取りながら、ふつふつと怒りを燃えたぎらせている表情をしていた。万引き強要の事実が判明した時に比べれば冷静に見えたが、今度は、この証拠をどのようなかたちで突き出してやろうか考えている様子だった。

依頼者は資料を受け取ると、その場で学校に電話した。電話口で「担任は家に来い」と言っていた。だが、その日は学校側から訪れる人はいなかったようだ。この後、どうなったのか。私は、このケースでは、加害生徒やその両親、学校当局とも面談していないので、被害生徒と依頼者から聞いた範囲でしかわからない。

それによると、依頼者である被害生徒のお父さんは資料を持って校長と面談し、「この事実を警察にもマスコミにも全部出す」と言ったようだ。学校側はパニックに陥り「やった側の子はちゃんと処分するから、それだけはやめてくれ」と懇願したという。

被害生徒への懲罰は取り消され、名誉は挽回された。万引きを強要したリーダー格の加害生徒は、公立校へ転校した。残りの加害生徒は、懲罰的な処分は受けたが退学にはならず、クラス替えの時に、集団がバラバラに分離された。だが、金銭的な賠償は発生しなかったようだ。当初から、依頼者は「カネはいらない」と言っていたし、そもそも、万引きを強要した側もされた側も、裕福な家庭の子供だった。

この事件を通して私はいろいろなことを感じた。一つには、やはり、探偵のような第三者が入らなければ、見抜けないいじめが、確かに存在すること。今回は、探偵の尾行がなければ、万引き強要は発覚しなかっただろう。

だが同時に、被害生徒本人が進んで当事者録音を行わなかったら、強要の証拠を取るのは難しかった。通常、探偵は依頼者の手を一切煩わせることなく証拠をそろえる。しかし、子供のいじめの場合、子供の意志という予測不可能なものを頼りとしなければならない局面がどうしても出てくる。いじめ問題の難しさがそこにあるとも感じた。

そして何よりも痛感したのは、私が中学生だった20年あまり前と今とではいじめの質が違うことだ。かつてのいじめは、不良っぽい男の子の間で殴る蹴る、あるいは、使いっ走りをさせるという、フィジカルな側面が強かった。仲間の前で荒っぽいことをして、自らの強さを誇示する単純なものだった。ところが、この事件は質的に異なる。裕福な家庭で育った一見真面目な女子中学生たちが、仲間を心理的に追い込み犯罪の共犯者にして支配しようとしていた。その事実に、子供たちの心の闇の深さを感じた。ところが、その後、こんな話は、そこらにいくらでもあると別の中学生から聞かされ、さらに驚いた。

この事件を機に、私は事務所のホームページに「子供の問題に関しても調査を受け付けます」という表示を出した。だが、この時点では「いじめ調査」という言葉は使わなかった。まだこの時の私には、子供の世界で起きているいじめの深刻さが十分には理解できていなかった。

相談者の8、9割は、子供の異変に気づいた親御さん

2004年の調査を皮切りに、その後、私は250件に上るいじめ調査を行うことになる。振り返ってみれば、中学生の万引き強要など大したことではない。その後は、そう思わずにはいられないほどの凶悪ないじめ事案、売春強要、レイプに次々と遭遇する。ここでは、これまでに私が手がけた事例をもとに、探偵が介入する場合の、一般的ないじめ事案の発端から解決までの流れを示してみる。

ここ数年、私の事務所では電話によるいじめ相談を年間約300件受ける。メールでの相談は200件を超えるので、合計500件に達する。前述の通り、いじめの内容は、仲

間はずれ、友だちにからかわれるといったレベルのものから、大人なら確実に刑事責任を問われるような事案に至るまで、さまざまだ。探偵のアプローチは、そのいじめの凶悪性や、いじめを受けている子供の置かれた環境によっても異なる。だから、いじめ事案を受件したら探偵は一律にこう動くとは言えない。ここでは、いじめの中でも最も多い事案、同級生による暴力や物壊しを念頭にいじめ調査の流れを説明したい。

暴力とは、そのものズバリ、加害生徒・児童が、被害生徒・児童を殴る、蹴ることで、それが頻繁に繰り返されるケースだ。物壊しとは、いじめられる子の持ち物を毀損《きそん》する行為であり、教科書を汚す、破く、体操服を汚す、鞄に水を入れて水浸しにするなどの事例のことだ。もともと暴力行為は男子の間で多く見受けられたが、最近では、女子のケースも増えている。私の事務所が相談を受ける暴力・物壊し事案における、当該生徒・児童の男女比は、つい最近まで、男7対女3で男子の比率が高かったが、今は男女半々で発生している。

子供が学校で何かされているのではないか？　いじめの兆候となる子供の異変に気づくのは、ほとんどの場合親御さんだ。探偵事務所にいじめの相談をしに来る人の8、9割がそういった親御さんで、残りが被害生徒・児童本人か担任の教師だ。

相談者の大多数は親御さんなので、ここではまず、電話で相談してくる親御さんと私が、どんなやりとりをするか説明しよう。

今では、各探偵事務所がホームページでいじめ調査を行うと謳《うた》っている。ここ数年、それを見た親御さんが、事前に子供と話し合うことなく、学校に相談せずに、探偵に電話してくるケースが急増した。しかし実際には、親御さんがちゃんと対応すれば、探偵の力を借りずに解決可能ないじめ事案も非常に多い。

私の場合、親御さんが子供と話し合い、学校にも相談し、十分手を尽くしたが進展がないケース、あるいは親そのものが頼りにならず子供に危険が及ぶと判断したケースなど、特殊な事例しか調査受件しない。その結果、私の事務所が1年間に受件するいじめ調査の数は約30件と、相談件数全体の10分の1以下の数になる。

いじめの内容で最も多いのは、暴力と物壊しだが、このいじめ自体は昔からあった。しかし、昔の暴力は使いっ走りをしないから殴るなど、殴る側にも、横暴だがそれなりの理由があった。だが、今日の暴力的ないじめは、なぜ、そうなったのかよく理由がわからない、もう、被害生徒・児童を、オモチャにしているとしか思えないケースがある。この手のいじめは、年齢でいうと、小学校の高学年から始まり中学生が一番多い。

私の中学時代にもこの手の暴力的ないじめは存在した。しかし、たいていは先生に見つかって、やった側が大目玉を食らう。いじめた子の親は謝って弁償する。それで話は終わっていた印象を持っている。

ところが現在の学校では、このような昔からあったいじめをやめさせる仕組みが機能していない。あるいはそもそも存在しない。物を壊された側の親が、学校に申し出ても、担任から「自分でやったんじゃないの」と言われることすらある。このような学校側の対応が明らかになり、探偵が出ていく必要があると感じた場合は、調査を受件するのだが、その前にやることがある。

いじめられている子供が、その事実を隠そうとする

いじめ相談の電話をかけてくる親御さんは、多くの場合興奮している。相談内容は「子供がアザを作って帰る」「体操服が汚されている」などで、中には「娘が鼻血を流しながら学校から帰ってきた」というのもある。親御さんが「どうしたのか？」と尋ねても、いじめられている子供はまず本当のことは言わない。「ちょっと転んだだけ」とか「なんでもない」と言って自分の部屋に閉じこもる。

親御さんからの電話に出ると、まずはそういう話を聞かされる。しかし興奮している親御さんに、ではいつその異変に気づいたのか、子供さんの何と何を目撃したのか、私が具体的に尋ねると、その時点で、ほとんどの親御さんの記憶は曖昧だ。

そこで私は親御さんに対し「まず話をまとめましょう。お子さんに関して、今わかっていること、起きていることを一つひとつ書き出してみましょう」と言う。いじめ解決の第一歩は、いつ、どんな変化が子供に現れたのか、そのすべてを記録しレポートを作ることだ。そして、これは親御さんの役目だ。このレポートを作成することで初めて、親御さんは学校に相談する材料ができる。また将来、探偵によるいじめ調査が必要になった場合もこのレポートは基礎資料として活《い》きる。

親御さんが学校の先生に相談する時に、ただ単に「私の子供はいじめられている。被害者だ。ちゃんと確認して欲しい」とまくし立てても、先生はなかなか動けない。だから実際に何が起きているかを説明し、先生が動かざるを得ない状況だと示す必要がある。

さらに私は、その親御さんがふだん、いじめられているわが子とどのようなコミュニケーションを取っているか確認する。いきなり「お前、いじめられているんだろう」と親から問い詰められても、ほとんどの子は「はい」とは言わない。多くの子供は必死にごまかす。

そういう場合、私は親御さんに対し「いきなりいじめの話を出すのではなく、お子さんともっとコミュニケーションを取るように努めてください。その上で、『どんなことがあっても、自分たちはお前の味方だよ』というメッセージをお子さんに伝えましょう」と話す。事実、子供を守ってやれるのは親しかいないはずだ。

探偵事務所に相談にやってきた親御さんに、こういうことを言うと、皆一様に複雑な表情になる。内心「そんなこと当たり前だろう」と思っているのだろう。しかしふだん、子供とほとんどコミュニケーションを取らない親御さんが大多数だ。「クラスメイトは何人いますか」「お子さんの一番仲の良い友だちは誰ですか？」と聞いてもほとんどの親御さんは答えられない。

こんな具合だから、私の助言に従って、親御さんが子供に対するアプローチを変える努力をしても、短期間で親子関係が劇的に変わり、本人がいじめの事実を語り出す確率は非常に低い。

しかし中には、親御さんが積極的に子供と話をするようになって、子供の態度が変化することもある。それまで何も話さなかった子供が「学校には行きたくない」と言い出し、

「何で行きたくないんだ?」と尋ねると「殴られるから」「バカにされるから」と、いじめの事実を語り出すこともある。こういう変化がだいたい1割ぐらいの確率で起きる。

子供がいじめを告白しない場合でも、私は、親御さんに子供の様子を記録してもらった上で、学校に相談するよう勧める。そして、実際にほとんどの親御さんが学校に相談するのだが、学校に出向く親御さんは少ないようだ。大多数が電話で担任に相談するかたちをとる。

相談を受けた担任は、最初はだいたい「家で何かあったのではないですか」という反応を示す。しかし、いろいろと状況を説明すると(ここで資料が役に立つ)、担任の側も「では、確認しておきましょう」「よく見ておきます」と言い出す。中には生徒の自宅を訪ねて話をしたいという担任もいるが、そういう先生は全体の1%程度だ。

保護者から、こういった類いの相談を受けた先生の99%が「では、ふだんから様子をよく見ておきますね」と言って電話を切る。だがほとんどの場合、学校では何の変化も起きない。つまり、学校側は有効ないじめ防止策を講じない。

そうなったら、いじめられている子供本人がいじめの事実を告白しない状況では、これ以上の事態の進展を望むのは非常に難しい。

学校がちゃんと動けばいじめの6割は解決

親御さんが子供の異変についてのレポートを作って、それに基づいて学校にも相談した。それでも進展がない場合、私は子供本人と面談する。ほとんどのケースで、子供の家に出向いて話をする。もちろんこの面談は、親御さんの同意の下で行う。平日の夕方、依頼者宅を訪れることが多い。

突然現れた探偵を見て、子供は「なんだ、この人」という顔をする。自分が探偵だということはこの時点で子供にも説明する。しばらく親御さんと話し「じゃあ、ちょっとぼくが話してみましょうか」と言って、子供と一対一で話をする。近くに親御さんがいると話しづらそうだと感じた場合は、その子の部屋に行く。時には外に出て歩きながら話す。

最初はたわいもない話をしながら、私は本題に切り込んでいく。例えば、足を引きずりながら学校から帰ってくる子に対しては「きみは、自分で転んだとか言っているけど、それが、どれだけ不自然かわかる？」と尋ねる。そう言われると、ほとんどの子供は黙る。その子に対して、私はこう語りかける。「このままだと、一生やられるよ……今ここで、いじめを認めて、いじめられないようにしないと一生やられるよ」

このままでいいやと感じるのか感じないのか、今、解決しようと思うか思わないか。私は、相手の年齢に関係なく同じように尋ねる。するとほとんどのケースで、本人が「実はいじめられている」と言い出す。そういう時、子供は顔がクシャッとつぶれたような表情になる。ここで泣き出す子はほとんどいない。ただ、クシャッとなる。押し殺そうと努力している感情が顔に出てしまう。それは子供らしい表情には見えない。

子供と2人きりで話し始めて、いじめられている事実を本人が認めるまで、3時間はかかるのが通例だ。それほど、いじめられている子供の口は重い。いじめの事実を告白した後で「親が学校に相談していることも、学校が何もしてくれないことも知っていた。そのうち、いじめの対象が変わるかもしれないから、それまでの辛抱だと諦めていた」と言う子供もいる。

ただ一旦、いじめられていることを認めると子供は饒舌《じょうぜつ》だ。それまでため込んでいたことを一気にはき出す。この時、探偵は、いつ誰に何をされたのか事細かく聞き出す。日付の記憶が曖昧な場合は、テレビの番組欄や学校の行事表などを頼りにしながら日付を特定する。事実を時系列で整理して、いじめの詳細な記録を作るのだ。当然、この時の会話は記録を残すために録音する。この作業はだいたい7時間くらいかかる。この7時間の間に、泣き出す子が時々いる。自分がされたことを思い出し悔し涙が溢《あふ》れてくるのだ。

本人の告白を得たら、今度はそれを資料としてまとめ、親御さんに提出する。この段階で、探偵の仕事は一旦終了する。尾行などの調査行為は行っていないから、私の事務所では、この時点では料金は発生しない。まる一日費やして仕事しているのに料金をもらわないのはおかしい、と思われるかもしれない。だが私の探偵事務所では、いじめ事案においては、調査員が実地に調査をしない限り調査料は受け取らないのがポリシーだ。

もちろん親御さんから要請があれば、その後も相談には乗るが、学校と交渉するのは親御さんの役目であって探偵の仕事ではない。

探偵がまとめた資料を持って、親御さんは再び学校に相談する。今度は「本人が誰々さんにいじめられていると言っている」という具体的事実を示して学校に対応策を求める。

この時も、親御さんに特に要請されない限り、探偵が立ち会うことはない。どうしても立ち会ってくれと頼まれれば立ち会うが、基本的に、親御さんと学校の交渉に探偵はタッチしない。

いじめられている子がいじめの事実を認めると、学校側の対応が大きく変わる場合がある。道徳の授業でいじめ問題をしつこく取り上げる、いじめられている子を保健室に隔離する、いじめている子を監視対象に置くなど、学校によって手法はさまざまだが具体的ないじめ防止策を講じようとする。私の経験から言うと、そういう変化が、全体の6割の学校で起きる。そして、いじめ自体が解消し出す。

探偵は、学校が講ずる対策には関わらないので、後の様子は、子供たちや親御さんからのメールや電話でしかわからない。だが、彼らの情報から、学校で着実な変化が起きた事実が伝わってくる。「先生がしっかり動いてくれて、いじめていた子も謝って、いじめ自体がなくなった」とメールをくれた高校生もいた。

結論として、いじめの被害生徒・児童本人がちゃんと真実を語れば、いじめの6割はその時点で解決のメドが立ち、探偵の仕事は終わる。では、探偵の仕事が継続するケースとは？　一つには、どうしても子供が本当のことを言わない場合。そして、これが問題なのだが、子供がいじめられていると告白しても有効な手立てを学校が講じない場合である。

学校が対応策を講じなければ証拠集め

子供がいじめを告白し、具体的事実を示したにもかかわらず、全体の4割の学校では有効ないじめ防止策を講じない。それが今の日本の学校の現状だ。この場合はもちろん親御さんの依頼を前提に探偵が調査に乗り出す。

探偵が面談したにもかかわらず、子供がどうしてもいじめられている事実を話そうとしない場合も、やはり親御さんの依頼を前提に証拠を集める。探偵が面談しても話しそうにないと思われるケースでは、面談なしで調査を開始することもある。

言うまでもなく調査の目的は、いじめが厳然と存在するという動かぬ証拠を集めることだ。では、調査の具体的方法を説明していこう。

まず、調査員が2人ひと組のチームで子供の尾行を開始する。暴力をふるうタイプのいじめの場合、平均して1週間から10日で、現場を録画できる。ほとんどのケースで証拠が挙がる。

この時大切なのは、事前に子供本人に「きみはいじめられていると言わないけど、やはり疑わしいから、ひょっとしたら調べるかもしれないよ」と言っておくことだ。そうすることで子供との信頼関係を毀損するリスクが避けられる。

尾行の他に、子供のパソコンやケータイのデータを見て証拠を集める方法がある。子供のケータイは基本的に親御さんが契約者になっているので、サーバを使って、割と簡単に中を覗《のぞ》くことができる。

しかし、この場合も探偵は黒子に徹する。情報の中身を見るのは親御さんであって、探偵はそのノウハウを提供するだけだ。

これらの証拠が出そろった後、やはり親御さんの依頼の下、私は再びいじめられている子供に会う。そこで、「○○くんに殴られたり蹴られたりしていたよね」と言うと、子供はまず間違いなく、いじめの事実を認める。しかし、この時も子供たちは「うん」と頷く程度で、ほとんど表情に変化はない。

その後は親御さんと学校との話し合いになるのだが、ここまでくれば、多くの学校がいじめ防止策を講ずるようになる。

当事者録音・録画で証拠を集める

本人が告白しないという問題をクリアすることは、探偵の関与があれば、そう難しくない。面談や尾行でほとんどが乗り越えられる。

しかし、本人が告白し、いじめの事実を学校に告げたにもかかわらず学校が動かないケースでは別のアプローチが必要になる。

こういう時は、ICレコーダーや録画用のカメラを使って、本人にいじめの現場を記録してもらうことになる。前述の通り、これを探偵業界の用語で、当事者録音・当事者録画という。

もちろん、親御さんの要請の下、本人の意志を確認した上で生徒自身がこれを行うのだが、本人が収集したこの証拠が、最も強力ないじめの証拠になる。いじめがもっぱら校内で行われている場合は、探偵が尾行できないので、証拠を集める上で当事者録音・録画はより重要になる。

当事者録音・録画を行う場合、探偵の仕事は、主に証拠収集に使う機材の操作方法を子供にレクチャーしたり、目的に合わせた機材をアレンジすることになる。このあたりは企業秘密なので、詳しくは書けないが、２００４年に初めていじめ調査を行った頃に比べ、調査機材は飛躍的な進歩を遂げた。

例えば、当該生徒が中学・高校生であれば、腕時計型カメラを使うことがある。これはすでにポピュラーになっているので、実は、今日では使用しない。だから、こうして書くことができるのだが、この機材は、ダイバーズウォッチくらいの大きさで、外見は時計だが実は録画用カメラの機能を持っている。今ではこの商品も通販で簡単に購入できる。

私はこの機材を子供に渡して、使い方をレクチャーした。すべての機材について言えるが、子供に託す時には、本人が上手に使えるようになるまで、必ず探偵がついて練習をさせる。

そして、機材の使い方を練習しているこの瞬間、子供はちょっと楽しそうな表情を見せる。機材をいじっている時に、子供たちの顔が輝くことがある。最初は緊張しているが、使い勝手がわかってくると、そのうちウキウキし出す。

どんな話をしても、まったく生気が感じられなかった子が、練習中に「これ、楽しいね」と言い出す。「なんで、これ映るんだろう?」とか、中には「気持ワリい」と言う子もいるが、そんな時は、その子の中で何かが躍動している。

私の探偵事務所では、既存の調査グッズを改造することもある。例えば、動画記録用には、マイクロSDという記憶媒体を使用するミニカメラがあるが、その中身である基板だけを取り出し、別の入れ物に移すこともある。現在では、録画でも録音でも、30パターンくらいのカスタマイズした機材を使用している。

子供自らが証拠を取る

子供が当事者録音・録画を行う場合は、事前に、どんな言動が証拠となるのか細かく説明する。録音だけの場合なら、相手の名前を言うようにとか、何かされたら「痛いよ」といった声を出せと指導する。録画の場合は相手の顔と行為が映るようにと指示を出す。

これらを上手にこなすには、それなりの練習がいる。カメラには焦点距離があるので、撮影の際、相手との距離を保つ必要がある。その距離はその時に使用する機材によって異なる。

私は、使用する機材に応じて、「距離が保てなくなりそうになったら逃げろ」とか「相手が追いかけてきたら、その時撮れ」といった具体的な指示を出す。

このようなレクチャーの後、生徒本人が、当事者録音・録画を行うのだが、通常、この行為は、1回ではなく複数回行う。一度で満足のいく証拠が取れないという場合もあるが、基本的にはいじめが偶発的ではなく継続的であることを証明するためだ。

この行為は本人にとっては不快きわまりないはずだ。しかし、当事者録音・録画の最中に生き生きし出す子供も少なくない。

どんなことでもいい。人間は目的を持つと生命力が強くなる。たとえそれがいじめ調査でも、新しいミッションを与えられた子供は確実にそれまでに比べ表情が豊かになる。

1人印象に残っている子供がいる。彼は、小学校高学年だったが、打ち合わせのため彼の家を訪れると、彼の部屋は『名探偵コナン』のコミックスで溢れていた。私は、その子を密かに「コナンくん」と呼んでいた。

小学生は何事も呑《の》み込みが早い。その子も機材の扱い方をあっという間にマスターした。一旦慣れると、借り物ではなく自分の物のように扱っていた。そして、嬉々《きき》として当事者録音・録画を行った。

彼は、同級生に殴られ、体操服を水浸しにされ、教科書を破られ、水責めにされた挙げ句お腹《なか》を蹴られて痔《じ》になったという、実は、かなり悪質ないじめを経験していた。証拠を取っている間もそのいじめは続くわけだから、本当は苦しいはずだ。それなのに、当事者録音・録画を行ったその日は「証拠を取ったぞ!」と言って笑いながら、私たちの前に現れた。その子は、当事者録音の最中、叩《たた》かれながら心の中で快哉《かいさい》を叫んでいた。

ちなみに私の事務所から貸し出した機材が見破られたことはこれまでに一度もない。不可抗力で壊されたことは一度だけあるが、バレたことはない。

加害生徒・児童の親が「脅された」と逆ギレ

被害生徒・児童本人の告白や、当事者録音、尾行を通じて、いじめの動かぬ証拠がそろったら、またもや親御さんがそれを持って学校側と交渉する。

探偵の仕事は依頼者である親御さんに証拠資料と請求書を届けた時点で終わりだ。当事者録音のみで、調査員が尾行などの調査を行わないケースでは料金さえ発生しない。交渉の現場には、依頼者からどうしてもと頼まれた場合を除き立ち会わない。

ただ、実際には、多くの親御さんが学校との交渉に不安を感じており、今後もアドバイスが欲しいと言ってくるので、当該いじめ事案が収束するまでは、ほとんどのケースで依頼者とコンタクトを取り続ける。

だが、ここまで調査が進展すると、学校は動かざるを得ない。どう考えてもいじめの事実を認めざるを得ない状況になると、ほとんどの学校はいじめの事実を認めた上で、何らかのいじめ防止策を講じる。その具体例は、後に述べるが、ここでは被害生徒・児童が請求する、いじめで被った損害に対する賠償について説明したい。

破られた体操服や、落書きだらけで使えなくなった教科書、水浸しにされた鞄などの写真が、いじめの資料として提出されると、これは当然、実損害金が認定される。学校側も民事における損害賠償の対象になると判断する。

しかし学校が、民事における損害賠償交渉を仕切るわけにはいかないので、学校は、被害者側、加害者側、双方の親御さんを引き合わせ、話し合いをセッティングする。

ここからは当事者同士の交渉になる。私は基本的にその場にはいないので、依頼者や子供から聞いた話をもとに、以下、親同士の話し合いを再現してみる。

この時点では双方の間に、加害生徒・児童は自分の非を認め反省している、という合意がある。被害に遭った側にしてみれば、当然、加害生徒・児童の親御さんに対し「反省しているのなら、壊されたものについては、弁償してください」ということになる。中には、話し合いの時に、被害額の明細を持参する親御さんもいるが、面と向かってお金の話をしたくないという理由で、内容証明で郵送する人もいる。

親同士の話し合いに学校の先生が同席するかは、ケースバイケースだが、多くの場合、話し合いは学校で行われ、先生も同席する。

損害賠償を求められた加害生徒・児童の保護者の多くは、この話し合いで、自分たちの落ち度を認め「弁償させていただきます」と言う。そして、言葉通りに被害額が支払われる。一件落着である。しかし、そんなふうに、すんなりと収まるケースは全体の約半分にすぎない。なぜか？

残りの半分の加害生徒・児童の保護者は、後になって「カネをよこせと脅された」「お前の子供の一生がどうなってもいいのかと脅された」と騒ぎ出す。このように感情的にこじれるケースが多々見受けられる。

だから私は、依頼者が相手保護者との交渉に不安を感じている場合には、事前に「交渉の場でも当事者録音したほうがいいと思いますよ」とアドバイスする。ほぼすべての被害生徒・児童の親御さんは、相手の親と面と向かう前に「どうしたらいいんでしょう」と相談してくるので、話がこじれる場合を想定して、当事者録音を勧める。

加害生徒・児童の親が感情的になると厄介だ。中には、怒りをたぎらせ夜中、被害生徒・児童の家にクルマで乗り込んできて、大声でわめき立てる加害生徒・児童の父親もいる。「うちの子供を悪者にしやがって」と叫びながら、庭の植木をクルマで倒した親もいた。

ここまでくれば、もう大人が行ったれっきとした器物損壊行為なので、警察に被害届を出すなり、弁護士を立てるなりして、法的に対処するしかない。

しかし、なぜ昼間はおとなしく話を聞いて反省していた親が夜になって怒鳴り込むのか？　わが子の行為を反省はしていても、賠償額が書面で郵送されてきた瞬間、それを見てカッとなるケースもあるようだ。

だが、大人同士の話がこじれる最大の理由は他にある。それは、父親が学校での話し合いに登場しないことだ。学校での話し合いに出てくる、加害生徒・児童の親御さんとは、ほぼすべてのケースでお母さん1人。男親は仕事で昼間は学校に来られない。

そして、加害生徒・児童のお父さんが仕事を終え家に帰って、妻から、学校でこんなことを言われたと告げられる。それを聞かされた父親が、突然、怒りを噴出させ、無茶な行動をする。

父親は、家庭や子供のことに関して、どんな時でも全体ではなく一部しか把握していない。

直接、警察に相談したほうがよいケース

ここまで、被害生徒・児童本人の告白、当事者録音・録画や調査員の尾行による証拠集め、学校側や加害者側の保護者との交渉という、いじめ事案における、一連の流れを見てきたが、中には、これらのプロセスを経る前の、調査の早い段階で、親御さんに警察への相談を勧める場合もある。それは、どのようなケースなのか。

一言で言って、それは、加害生徒あるいは加害生徒集団が極端に凶悪と判断されるケー

スだ。ヤクザ予備軍、半グレ、呼び名はいろいろあるだろうが、特に、地方の調査依頼を受件した場合に、このような集団に出くわすことが多い。小学生では少ないが、こういう凶悪な加害生徒が、中学・高校生になると確実に一定の割合で存在する。

被害生徒に「クラスのこの子にいじめられている」と指し示された、その顔写真を見た瞬間、これはヤバいと思う、外見だけで、普通の中学生あるいは高校生ではないとわかる場合である。

このような凶暴性が極端に高い生徒は、すでにいじめっ子という範疇《はんちゅう》ではくくれない。このようなケースで証拠を提示しても、学校側もおそらく手を付けられない。いじめを告白した被害生徒がどのような報復を受けるか想像もつかない。こういったケースでは、私は、依頼者に警察に相談に行くことを勧めるとともに、依頼者のお子さんはしばらく学校を休んだほうがいいと進言する。

なお、地方で調査活動を行う場合、探偵が、張り込み中、不審人物だと勘違いされ、近隣住民に通報されることもある。だから探偵は、調査の案件を受けた時には、事前に地元の警察に挨拶に出向く。つまり、初動段階で警察と一定の繋《つな》がりを持つようにしている。

そして、依頼者のお子さんをいじめている相手が、このような凶暴性が高い生徒たちだと判断した時、私は親御さんに警察への相談を勧めるとともに、警察まで親御さんに同行することもある。

　すると、かなりの確率で、いじめている集団を、すでに地元警察は別件の非行行為などを通じて把握しており、要注意人物のリストに入れている。当然、警察は、いじめを行っている側の生徒の写真を持っている。その上で「何かやられましたか」ということになる。ここから先は、警察の動きは速い。補導、あるいは少年院送り、学校では、高校生なら退学ということになる。

　しかし相手が、誰がチクったか調べ、逆恨みすることも想定できる。加害生徒が、少年院にも行かされず、補導されても、同じ学校にとどまる場合、その可能性が高い。この場合は、被害生徒を転校させるのが賢明だ。

　探偵は、子供や親御さんの意志に反して、転校を勧めることは決してない。それは探偵の仕事ではない。だが、このようなケースでは、生徒本人も親御さんも転校を希望することが多い。学校側もすんなりと転校の手続きをしてくれる。

　後に述べるが、転校という幕切れは、被害生徒にとっては諸刃《もろは》の剣だ。新しい学校でいじめられないという保証はない。転校するかしないか、優先されるべきはもちろん子供本人の意志だ。

だが、子供が今の学校にとどまりたいと思っても難問はある。凶悪な生徒のいじめが発覚し、警察が介入する事件に発展した段階で、被害生徒と、いじめを傍観していた子供たちとの関係がギクシャクすることもある。そうなると、被害生徒本人も、同じ学校にいづらくなる。結果的に、転校を選ぶ子供が多い。

当事者録音・録画に協力してよい案件なのか、そうすること自体が非常に危険な事案なのか、判断するのは難しい。

だから、探偵は、いじめている側の凶悪性が極めて高いと疑われるケースでは、相手生徒の周囲を注意深く観察する。その過程で、相手生徒がスクーターを盗難しているなど、明らかな犯罪の証拠が見つかることもある。地元の子供たちに評判を聞いて、明らかに危険と判断することもある。

このような状況では、探偵は、被害生徒と、その親御さんである依頼者の、身の安全を最優先に考える。当然のことながら、当事者録音・録画を行わない方向で、打開策を検討する。なんでもかんでも当事者録音・録画が有効なのではない。

いじめの調査は、機械的にマニュアル通りに行えばよいというものでもないし、後に紹介する、レイプ、援助交際強要では、初動から調査のアプローチが異なる。だが、たとえいじめの内容自体が同じでも、子供が置かれている環境に合った臨機応変な対応をしなければならない。この点は、強調しておきたい。

転校・隔離が収束パターンの典型

次に、いじめの再発防止策について述べたい。いじめ行為収束後、一番気になることは、やはり被害生徒・児童、加害生徒・児童が、その後学校でどのような処遇を受けるか、だろう。

前述の通り、時には被害生徒・児童が転校という道を選び、再出発することもあるが、すべての子供たちが転校を望むわけではない。

かつては、いじめが衆人の認めるところとなり、事態が収束する段階で、転校する子供が実に多かった。だが、今日では、転校する子供の比率は徐々に減少している。その理由は、新しい学校での生活が未知数であり、また同様のいじめを受けないという保証がないからだ。

被害生徒・児童が転校しなかった場合でも、学校がいじめ再発防止策を講じるのは当然の務めだ。だが、この段階では探偵の仕事は終了している。ここで紹介するいじめ収束後の学校のいじめ再発防止策の事例は、調査終了後に、依頼者である親御さんや、被害生徒・児童たちから寄せられた情報をもとにしている。

結論から言うと、8割の学校で、加害生徒・児童と被害生徒・児童を引き離す校内隔離が行われ、残りの2割は転校、ないしは元通りの環境にとどまる。

転校という場合は、被害生徒・児童の転校を指す。加害生徒・児童が凶悪なため、被害生徒・児童が転校せざるを得ないこともある。また、被害生徒・児童本人の、環境を変えたいという意志が強ければ転校になる。

転校希望の場合、学校側は本人の意志を尊重して便宜を図ってくれるようだ。被害生徒・児童が転校のことを口に出さなくても、担任の側から「転校するなら書類を準備しますよ」と言ってくる。本来、転校にはそれなりの理由が必要だが、いじめが原因で転校する場合、先生は理由も聞かず手続きをしてくれる。これは小中高に共通する。

校内隔離には、2種類のパターンがある。一つは、被害生徒・児童が、保健室や職員室に隔離されるもの。登校したら、教室には行かず、すぐに保健室に入ってそこで一日を過ごす。そうやって、加害生徒・児童たちとの接点を消すパターン。

もう一つは、被害生徒・児童は、これまで通り教室で学んで、加害生徒・児童あるいはその集団を、自習室などに隔離するパターンだ。いじめていた側が懲罰を受け自習室に隔離されるのは納得できるが、いじめを受けていた側が、まるで罰則を受けるかのごとく隔離されるのは、どうも納得いかない。これでは、誰が悪者なのかわからない。

だが現状では、被害生徒・児童の側が隔離されるケースが圧倒的に多い。当然のことながら、それが理不尽だと言い出す親御さんもいて、学校ともめることもある。だが事はそれほど単純でもない。

被害生徒・児童は基本的に1人なので隔離しやすいが、加害生徒・児童はたいていの場合集団なので、学校の設備面を考えても隔離が物理的に不可能と、学校側から説明されることもある。学校によっては、被害生徒・児童に対し、次のクラス替えの段階でいじめ集団をバラバラにし、被害生徒・児童がいじめ集団と同じクラスにならないよう配慮するから、それまで保健室で我慢して欲しいと求めてくることもある。

転校・隔離以外にも、いじめ再発防止策は存在する。新たに、校内にカウンセラーを配置する。それまでは存在しなかった副担任をクラスに付ける。このように監視する大人の目を増やすことで、いじめを防止する。そんなアプローチを取る学校もある。

だが、これら学校側の対応策が被害生徒・児童にとって公正と言えるのか？　どこかすっきりしない。特に、被害生徒・児童側が、まるで罰を受けるように校内隔離されるケースでは疑問が残る。

では、いじめ調査で、当事者録音・録画までしていじめられている事実を公にすることに意味があるのか？　と問われれば、それはもちろんイエスだ。

被害生徒・児童にとっては、自分が隔離されようが、相手が隔離されようが、自分はいじめをうやむやにしなかったという事実が重要なのだ。その結果、親も先生も、自分の問題に対して真剣に立ち向かってくれた、そのプロセスが、彼らの自尊心を支える。そのことは、いじめが収束した後の子供たちを観察しているとよくわかる。

調査が終了した後も子供たちからよくメールをもらうし、時には会うこともある。いじめが収束した後の彼らの表情は、いじめられていた時期に比べて格段に明るくなっている。

初めて会った時には、本当に地に足がついておらず、宙に浮いているんじゃないか、そんなふうにしか見えなかった子供たちから「学校が楽しくなった」というメールが届く。「もうすぐ受験だ」と知らせてくる子もいる。地方のある公立高校の男子生徒からは「いじめを遠巻きに見ていた人たちから、ごめんねと言われた」というメールが届いた。単に、いじめが存在しないというだけで、彼らはごく普通の青春を謳歌《おうか》できる。

いじめ収束後の、いじめられていた子たちの変化の最大の特徴は、それまで見せることがなかった感情を表に出すようになることだ。かつては、ボソボソとしかしゃべらなかった子供が、ハキハキとものを言うようになる。

先日、いじめを克服した、中学2年生の女の子が、お母さんと喧嘩《けんか》したという内容のメールを送ってきた。喧嘩の理由は文面からはさっぱり理解できなかったが、そこには「こんなふうに言ってくるのってひどくない？」と書いてあった。

深夜、事務所のパソコンで、そのメールを読みながら、私はその子と初めて会った時のことを思い出す。その時の印象は「この子、ただ、とりあえず飯食って、息をしているだけなんじゃないか」というものだった。その同じ子が、理由はわからないが、とにかく怒っている。怒りの感情を表に出せるようになっていた。

第2章 なぜ、いじめられている事実を親に隠すのか？

昔なら先生がやっていた仕事を今は探偵がしている

私はすべてのいじめ事案に探偵調査が必要だとは思わない。親御さんや学校の先生がしっかりしてくれれば、本来は探偵が介入する必要はない。それにもかかわらず、私の事務所にはほぼ毎日電話やメールでいじめ相談が寄せられる。

だが、相談内容を聞いて、私が電話口で親御さんや生徒・児童にアドバイスをしただけで、そのほとんどは解決する。

いじめ相談で一番多いのは親御さんからの電話だ。そういう電話を受けて、その人がまだ学校に相談していない場合は、「では、まず学校に相談して、それでダメだったら次のことを考えましょう」と言う。しばらくすると、同じ親御さんから「学校に相談してみたら、終わっちゃいました（つまり解決しましたということなのだが）」という連絡が入る。こういう事例もかなりの数に上る。

その人の場合は相手の親が謝りに来ていじめは収まった。でも、それって、本来は当たり前なんじゃないか。念を押すが、親御さんと学校の先生さえしっかりすればほとんどのいじめは解決できる。だから、私はいじめ相談を受けている時に「今自分がやってることは、本当は学校の先生の仕事じゃないか」と思わずにはいられない。

私の事務所には、学校の先生からも多くのいじめ相談が寄せられる。「自分のクラスでいじめがあるんだけど、どうしたらいいか」。電話口でいきなり「機械を使って証拠を押さえないとダメなんですかね」と言い出す人もいる。ちょっと、待ってくれ。そんな時は私は「あなたが先生なんでしょ。だったら、あなたが指導すればいいじゃないですか」と答える。

私は、事務所のホームページに「いじめ調査を受けます」と謳っている。そのきっかけは、学校の先生にいじめの相談をした親御さんが先生から「いじめられているというのなら、証拠を持ってこい」と言われて私の事務所を頼ってきたことだった。

だが私は、学校の先生に対しては、いじめの問題解決に本当に「証拠」がいりますか？と言いたい。学校は教育の場のはずだ。本来は、その教育の場に証拠を持ち込む必要はないはずだ。ちょっと突き放した言い方になるが、学校の先生は教育者ならば教育の力でいじめの問題をなんとかしろよと思う。

私は東京都中央区月島の生まれで、今36歳だ。中学の頃は結構やんちゃなほうだったと思う。正直に言うと喧嘩もよくやった。それなのに中学2年の時には生徒会長だった。自分の学校の生徒が隣の学校の生徒にカツアゲされたと聞き、その金を取り戻すために、木刀を持って仲間たちと相手の学校に乗り込んだ。カツアゲした生徒の教室に行ってカツアゲ分の返済を迫ったら、教室内はパニックになった。誰かが警察に通報したのだろう、すぐにパトカーのサイレンの音が聞こえてきた。学校の外に出るとパトカーがいたので必死に走って逃げた。私はなんとか逃げおおせたが仲間の中には補導された者がいた。

その日の夜、相手の学校に乗り込んだ生徒全員が職員室に集められた。先生は「お前らの気持ちはわかるが、乗り込んじゃいかん。とりあえず逮捕者が出ることのないように頑張る」と言ってくれたが、その後で烈火のごとく怒り出し全員が大目玉を食らった。先生のあまりの剣幕に私たちはただただだうなだれるだけだった。

私は、やんちゃだったけれど学校の先生は怖かった。先生から「職員室に来い」と言われると猛烈に緊張した。先生は怖かったけど、同時に先生を信頼していた。今日の先生と生徒の関係が、私の育ったかつての月島の学校のようであれば探偵がいじめ調査を請け負う必要はないだろう。

先生がいじめられている子に「探偵にだけは頼むなよ」「死なないでね」

　最近は探偵によるいじめ調査が世間でも認知されている。そのせいか、前述の通り、学校の先生から直接いじめ相談の電話がかかってくる。以前は先生からの相談にもじっくり耳を傾けた。だが最近は「どうすればいいのか？」と聞かれたら「自分の頭で考えてください」と返答する。「証拠を取らなきゃいけないんですか」と聞いてくる先生には「まずは、自分でその生徒に聞いたらどうですか」と告げる。

「もっと、相談させてもらえないか」と言う人には「電話ではなく、できればメールでお願いします」と言う。だってそうだろう、探偵にはこなすべき大量の業務がある。ストーカー被害、詐欺被害、行方不明人調査と、緊急を要するものも多い。なのに、子供を教育するという本来の自分の役目を果たそうとせず、いきなり探偵に電話してくる先生のために延々と時間を割くことはできない。

　なぜ、今の先生がいじめ問題で動けないのか。それにはさまざまな理由があるようだ。今の先生というのは、昔の先生に比べて、やらなければならないことがとても多い。書類を作ったりルーティンワークをこなしたりと、仕事量が膨大だ。土日出勤する先生も珍しくない。話し合いのため学校を訪れても彼らはいつも何か別の仕事をしている。そういう人たちは当然目も血走っている。

この人たちは、昔私が抱いた学校の先生のイメージとはほど遠い。彼らは、現代日本のサラリーマンなんだろう。だとしたら個々の先生の資質に問題があるというより、制度自体に問題があるのではないか。だから、私のような私立探偵がいじめ調査を受件せざるを得ない現実があるのだ。

ある小学校の先生はこんな相談をしてきた。「校内で、特定の子供たちがいじめをしているという噂《うわさ》がたっているけど、本人たちを見ているとそんな子に見えない。だから、録音しなきゃいけないいんじゃないですか」

それに対し私はこう答えた。

「私の経験から言うと、子供というものは、ふだん先生に見せる顔と、友だちに見せる顔は違うんですよ。それくらい、見分けなさいよ」

その先生は私に電話してくる段階で、周囲からいじめている子と認知されている児童と話し合いすらしていない。その先生は女性だったが「話をすると親が怒鳴り込んでくる」とこぼした。「犯人探しはできない」と言った。

こんな先生たちの事情を実は子供たちは知り尽くしている。いじめを受けていた小学校5年生の女の子は、私に「先生は知っているのに何もしない。知らないはずはない。先生は信用できない」と言った。滋賀県大津市の自殺事件の直後、ある学校の女の先生がいじめられている子に向かって「死なないでね」と言った。これが学校の現実だ。

ある地方の中学3年の男子生徒はこんなことを教えてくれた。彼は親と一緒に学校に出向き、自分がいじめられていることを担任の先生に相談した。後に私の調査でわかったのだが、この子はクラスメイトからボコボコに殴られカツアゲされていた。その被害生徒の相談に対し、担任の先生は「わかった。なんとかする。だから、探偵にだけは頼むなよ」と言ったという。

しかし、実際には「その先生は何もしてくれなかった」。それどころか「もうちょっとで卒業だからそれまで頑張れ」と被害生徒に卒業までいじめが続くと匂わす発言をした。

その言葉を聞いてその生徒は「ふざけんな」と思った。先生に対する怒りがふつふつと沸いてきた。しばらくたって冷静になって、その担任の先生が言った「探偵にだけは頼むなよ」の言葉を思い出した。

「そうか、探偵にだけは頼むなということは、探偵が出てきたら困るんだろう」その生徒は、こう確信した。「先生の弱点は探偵だ」

ならば、探偵に相談すればいじめがなくなるかもしれないと判断し私の事務所に電話した。

そして、私の事務所が当該案件の調査を受件し前述のような過酷ないじめの実態が明らかになった。ただでさえ、いじめられ心身ともに傷を負っている子供が、先生に相談してその傷を大きくしてしまう。これは絶対あってはならないはずだ。

子供と話しながらスマホをいじっている親御さん

いじめを受けている子供たちのほとんどがその事実を親に話さない。それどころか、いじめられていることを必死に隠す——これは、すでに書いた通りだが、では一体なぜ子供は親に真実を話さないのか。

調査で知り合った、いじめられている子供たちにその理由を尋ねると、似たような答えが返ってくる。一番多いのは「忙しそうだから」だ。「お父さんは、忙しそうだから」「お母さんは、忙しそうだから」この言葉をほぼすべての子供が発する。

いじめ調査を依頼してくる親御さんの年齢は、子供が小学生だと20代もいるが、30代から40代後半が一番多い。いわゆる働き盛りの年齢層だ。確かに子供たちの言うように「忙しい」のだろう。いじめ問題に遭遇するほとんどの家庭で、ふだんから親子が膝をつき合わせて話す習慣がない。子供たちは思っている。ただでさえ忙しいお父さんお母さんに、自分がいじめられているなんて面倒な話をしたら迷惑がるだろう、と。

親にいじめを報告しない理由として次に多いのは「どうせ真剣に聞いてくれないから」「自分に関心がないと思う」だ。どんな事案でも子供たちは必ず「忙しそうだから」と言い、それに加えて「どうせ、真剣に聞いてくれないから」「自分に関心がないから」のどちらかを口にする。なぜ子供たちはそう感じるのか。

調査の打ち合わせで依頼者宅を訪れると、その理由が手に取るようにわかる。親子の様子を見れば、子供たちがそう言うのも無理はないと思えてくる。

わが子が勇気を振り絞っていじめ体験を語っているその時に、聞いている親が斜め横を向いている。子供の目を見ない。そういう親御さんがほとんどだ。子供の言葉に集中して目を見て聞いている親御さんの割合は全体の2割程度にすぎない。それどころか、ほとんどの親御さんは子供の話を聞きながら何か他のことをしている。

タバコを吸いながら聞く。新聞を広げて時々紙面に目を落としながらの人もいる。3人に1人くらいの割合で、スマホをいじりながら子供の話を聞く親御さんがいる。中には、話をしている最中に「ちょっと阿部さん、あとはお願いします」と言ってその場からいなくなる親御さんもいる。「私がいても何もすることがないから」と。こういうタイプは母親より父親に圧倒的に多い。

ある夜、依頼者宅で、子供とお母さんと私の3人で調査の打ち合わせをしていたら、お父さんがほろ酔い機嫌で帰宅した。そのお父さんは「ああ探偵さん、まだいるの」と言って、話の輪には加わらず別の部屋に消えた。

では、探偵の私がその場にいない時の親子の様子はどうか。想像に難くないだろう。子供たちの証言を総合すると、子供が話そうと思っても、お母さんは家事か何かをしている、お父さんはテレビを見ている、食事の時もみんなテレビを見ている。「そんな感じだから話す暇がない」と子供たちは言う。

たとえ1人でも、子供の周りに信頼できる人がいれば探偵はいらない

親にいじめの相談なんてできないと思っているから、探偵事務所に直接、電話してくる子供が増える。

ある日、小学5年生の男子児童から電話がかかってきた。「自分はいじめられているので、なんとかして欲しい」と言う。いじめの内容は暴力で、学校で同級生にひっぱたかれ

る、性器をひっぱられる等々、この児童はかなり過酷な肉体的苦痛を継続して強いられている。

私はいつものように「お母さんか、お父さんに相談した？」と尋ねた。するとその子は「相談してない」と言う。「では、まず親御さんに相談するように」と言うと、今度は「お父さんも、お母さんも信用できない。だから、こうやって電話しているんだ」と言い返した。「では先生は？」と私。「先生も信用できない」とその男子児童。

「じゃあ、一体誰だったら信用できるんだろうね」と問いかけると、その子は「お祖母ちゃん」と叫んだ。何とも妙な流れだと思ったが仕方ない。まず身近な人や学校の先生に相談した上でそれでも進展がない場合に限り、探偵が出ていく、が私の方針だ。それに照らし合わせれば、ここはまず、この子が唯一信頼できるお祖母ちゃんに相談してもらうしかない。

聞けば、お祖母ちゃんは、その子の家のすぐ近くに住んでいて、同居はしていない。その子は、私のサゼスチョン通りそのお祖母ちゃんに電話した。

数日後、お祖母ちゃん本人から電話があった。どういうわけか、お祖母ちゃんは電話口で怒っていた。お祖母ちゃんは、私立探偵などという怪しい人種に自分の孫がそそのかされて、変な電話をしたと勘違いしていた。どうも振り込め詐欺の変種ぐらいに思っているようだ。しかもお年寄りなので話が回りくどい。正直「面倒だなぁ」と思った。

しかし、被害児童が信用できる唯一の人がこのお祖母ちゃんなら、彼女に状況を理解してもらうしかない。私は「自分は私立探偵であり、いじめ調査の実績があり、決して怪しい人間ではない」と説明した。その上で、お孫さんから学校でのいじめについて相談を受けたので話をしたと伝えた。2時間くらい話して、お祖母ちゃんもやっと納得してくれた。最後には、お祖母ちゃんのほうから「お世話になりました」と言って電話を切った。

それからしばらくの間、その児童からもお祖母ちゃんからも連絡がなかった。私は気がかりだった。1カ月ほどして、今度はその児童のお父さんという人から電話があった。その子のお父さんは電話口で「もう、済みましたから。ご迷惑をかけました」とだけ言った。その口ぶりはよそよそしく、今電話している相手とはもう関わりたくない、そんな雰囲気が強く伝わってきた。しかし、お父さんが「済みました」と言うならいじめは解決したのだろう。それならそれでいいと私は判断した。

しかし事実は違っていた。しばらくして、今度はお祖母ちゃんから電話があった。話の内容はこうだ。孫がいじめられていると息子、つまり児童の父親に話したら、息子から家

庭のことに口出しするなと諭されたという。お祖母ちゃん曰《いわ》く、

「あんまり孫を甘やかすんじゃない、と息子に怒られちゃってねえ」

その話を聞いて私は唖然《あぜん》とした。なんだ、話が全然伝わっていないじゃないか。今もいじめは継続中に違いない。それで、再度お祖母ちゃんにいじめの内容も含めて彼女のお孫さんの身の上に起きていることを細かく説明した。私も多少興奮していた。電話口で「この子は、相当なSOSを発しているんですよ。それを真剣に受け止めないでいて、孫が死んでもいいのか」と口走った。

その迫力に圧倒されたのか、このお祖母ちゃんは事の真相を理解してくれた。このお祖母ちゃんは70歳だったが、具体的な話をしてみると、かなり頭がしっかりしているのがわかった。彼女は事情を完全に呑み込んだ。

その後のお祖母ちゃんの行動は凄まじかった。後でわかったことだが、このお祖母ちゃんは地域の顔役で、日頃から教育関係者や自治会の役員と交流があった。そのお祖母ちゃんが、そういった人々に凄《すご》い剣幕でいじめの実態を伝え歩いた。その結果学校側もすばやく動きいじめは見事に解消した。お祖母ちゃんのアクションは、最終的に地域社会の人々も巻き込んだいじめ撲滅《ぼくめつ》運動にまで発展した。

お祖母ちゃんはその過程を逐一《ちくいち》私に報告してきた。いじめがなくなるまで20回くらいは電話で話した。しかも一度の会話がことごとく1時間以上の長電話だ。このケースでも、私は、直接調査はしていないので報酬は1円たりとももらっていない。だが言いたいのはそういうことではない。この事案の教訓は、たった1人でも、そしてそれが高齢者でも、肉親の誰かが必死に動けばここまでのことができる。ほとんどの場合いじめ問題で探偵の力を借りる必要はない。

学校の成績を向上させていじめられなくなった高校生

凶悪ないじめがある一方、クラスで無視される、「ノロい」と言って馬鹿にされる、仲間はずれにされる、といったいわゆる昔ながらのいじめも存在する。しかし一見ソフトないじめでも、いじめられている本人には大きなストレスだ。ただ、この手のライトないじめの場合、探偵の調査は必要ないばかりか、暴力などのわかりやすい証拠がなく先生も指導しづらい。だがこのようなケースでは、いじめられている生徒が本人の力だけで解決することもできる。その実例を紹介したい。

ある時、地方の高校2年生の男子から電話がかかってきた。その男子生徒は電話口で

「死にたい」とつぶやいた。この男子生徒こそが、まさに、学校でからかいや無視といういじめを受けていた。学校に友だちは1人もおらず、先生はいじめを見て見ぬふり。だから「死にたい」のだという。

その生徒が通う学校は地方の公立高校で地元では進学校とされていた。だが、大学進学率は高いものの全国的な有名進学校ほどの学力レベルではない。聞けば、彼はその学校で成績がビリに近い。彼はそれが周囲から馬鹿にされる原因だと感じていた。つまり、いじめられている原因を本人が理解していた。

私はその男子生徒に向かって「まあ、死ぬのもいいが、死ぬ前に、一度くらい本気出してみない？」と言ってみた。成績が悪くて周囲から見下されているなら、成績を上げればいい。「勉強は嫌いなのか？」と尋ねてみた。すると、「中学2年くらいまでは勉強が好きだった」と言う。

彼は、理由はわからないが、中学2年の頃から学業に対する意欲が低下して勉強が面白くなくなった。そして、今のいじめの原因が彼の成績不振なら「とりあえず中学2年から、勉強をやり直してみようよ」と彼に提案した。

彼には男子大学生の家庭教師がついていた。家は比較的裕福だ。その家庭教師にも電話口に出てもらい、「本人は、今日から勉強を中2からやり直すと言っていますので、ドリルでもなんでもやらせて徹底的に鍛えてください」と伝えた。家庭教師はすんなりと同意した。電話口からその家庭教師が、これは面白くなってきたぞと感じている雰囲気が伝わってきた。

そして、この男子生徒は実際に猛勉強を開始した。文字通り死ぬ気で、家庭教師と二人三脚の勉強漬けの日々に突入した。それでもこの男子生徒は、しばらくの間「勉強が辛《つら》い」「やってもムダ」と、不平不満のメールばかり送ってきた。そのたびに私は「お前、一度だけ死ぬ気出すって約束したじゃないか」と返した。

こういう状況がしばらく続き3、4カ月が経過した頃から彼の成績が上昇し始めた。実は、成績がビリに近いのにやみくもに勉強しろと言ってもなかなか難しいと感じた私は、彼に対して「とりあえず、英語と国語だけでいいから頑張ろうよ」と告げていた。ところが、英語と国語はもちろんのこと、どういうわけか数学の点数も上昇した。英語と国語を指定した理由は、英語は点数に繋がりやすい科目、国語は、言葉がわからなきゃ他の科目の問題文も理解できないし社会に出て困るからだ。

ほどなく、ほぼビリだった彼の成績が学年平均の水準に到達。するとどうだろう、それまで彼をからかっていた周囲の生徒たちの態度が徐々に変化した。これまで馬鹿にしていた連中が一目置くようになった。それが男子生徒にも伝わった。

これに気をよくしたのだろう、成績が学年平均を超えた頃から彼の不平不満メールは来なくなった。その代わりに「自分は、大学進学を諦めていたが、やっぱり大学に行きたくなった」というメールが届き出した。やがて彼は学年トップになり私学で最も難関と言われる大学に合格、今は首都圏で暮らしている。

私は、この間この男子生徒と一体何度メールのやりとりをし、電話で話しただろう。もちろん相談だけなので料金は発生しないし、親や先生もこのことを知らない。

できない子が頑張って自分の力でいじめを克服した。彼のような事例は過去にも多く存在した。その意味で、この話は特にドラマチックでもなくどこかで聞いたようなストーリーだ。しかし今回は、できない子を叱咤激励《しったげきれい》したのが、親でも先生でも友だちでもなく私立探偵だ。この事実が今の日本の学校や家庭の現実を物語っている。昔なら彼は探偵事務所に電話しなかったはずだ。

今でもこの青年とは時々連絡を取り合っている。大学生活を謳歌している彼に会うたびに私はこう言う。「最初の給料が出たら、おれにメシおごれよ」

その言葉を聞きながら、頷くともなく彼は笑っている。1年半前に「死にたい」と言っていた男にはとても見えない。

お母さんがカレシに夢中なので、学校でいじめられる

なぜ子供は親にいじめの相談をしないのか。相談しようにもできない場合もある。ある時、中学2年生の男子生徒から電話がかかってきた。相談内容は、先輩にいじめられているのでなんとかして欲しいということだったが、この子のケースでは、まず親か先生に相談しなさいとは言えなかった。

この男子生徒の家は母子家庭で30代の母親と2人暮らしだ。そして、その母親が彼の中学の先輩である高校生と肉体関係にある。それを知った中学の同級生が言いふらしている。「お前の母ちゃん、○○先輩とデキてるだろ」と言われ、学校に居場所がない。聞けば、彼が小学生の時に両親が離婚し母親との2人暮らしが始まった。そして、その子は「今は、お母さんは、カレシに夢中だから、父さんと暮らしたい」と言う。

これは本当に探偵の仕事かと思ったが、私は彼の父親に電話し事の成り行きを説明した。父親は、実際に何が起きているか確かめるために私の事務所にやってきた。男子生徒の

「父親と暮らしたい」という意志は私が伝えた。すると父親はすんなりと同意した。父親は「お世話になって申し訳ない」と恐縮がった。

「では、話はまとまったので、あとは別れた奥さんと話してみてください」と席を立とうとした私に向かって、父親が「お礼は？」と尋ねた。私が事務所のシステムを説明し「調査をしていないので料金は発生しません」と告げると、彼は少し考えて「それでは申し訳ないので、元妻の生活が本当に息子の言う通りかどうか調査してください」と言い出した。

ということで、何とも変な流れだが男子生徒の家に調査員を派遣し張り込み調査した。すると、すぐにその子が言っていることが真実だとわかった。母親は自分のカレシを家に入れる時には息子を家から追い出した。行為中はその生徒は屋外にいなければならない。母子は古い木造住宅で暮らしていたが、ことの最中には外にまで声が漏れるので、家の中を覗き込むまでもない。しかも、母親が相手にしている男子高校生は1人ではなく、一度に複数の相手と関係を持っていた。

母親に男子生徒が父親と暮らしたがっていると伝えたのも私だ。父親にそうして欲しいと頼まれたのだ。母親は二つ返事で同意したが条件をつけた。息子と離れるとこれまで送られてきていた養育費がなくなる。父親は離婚後定期的に一定額の養育費を母親に送金していた。その養育費がなくなると生活に困るのでその部分を考慮して欲しい、というのが母親の条件だ。

結局父親は、養育費の送金は継続できないが、ある程度の額の一時金を母親に支払いたいと提案した。母親もその条件を了承し父親が息子を引き取ることで話はまとまった。

話は少し横道にそれるが、かつては浮気調査は妻が依頼者で夫の不倫を調査するケースが多かった。私が探偵事務所を開設した10年前は9割がそういうケースだった。しかし、この10年で状況は大きく変化した。数年前から調査依頼者の男女比は五分五分になり、今では男性が妻の不倫調査を依頼する比率のほうが高い。

妻の不倫を子供が発見するケースも増えた。男性は、たとえ不倫しても不倫相手を自分の子供に会わせたりはあまりしない。ところが女性の場合、自分の不倫相手を子供に会わせる人が多い。もちろん不倫相手として紹介するのではなく、お母さんのお友だちとか、仕事でお世話になっているおじさんとか言って、子供に紹介する。女性には自分の交際相手を見せびらかしたいという本能があるのか、それは不明だが、このような理由で、息子や娘の通報により夫が妻の不倫に気づくケースがここのところ急増した。

ただでさえいじめの相談を親にできない子が多い。両親の関係が良好でなければなおさら相談しにくいだろう。いじめ問題を扱う場合は生徒・児童の家庭環境も考慮しなければならない。

第3章 子供のいじめもカネとセックスがらみに

友だちに1000万円カツアゲされた男子高校生

これまで、仲間はずれ、日常的な暴力といった、比較的一般の人々が想像しやすいいじめについて説明してきたが、ここからはより悪質ないじめ事例について紹介したい。それらより悪質な事例とは、一言で言えばカネとセックスがからむいじめだ。

具体的には、いじめ集団がカツアゲを繰り返し特定の生徒から多額の金銭を奪う、女子生徒が女子生徒に援助交際を強要する、さらには生徒・児童の間で起こるレイプ、集団レイプ、猥褻《わいせつ》行為の強要などだ。このような行為は、もう、いじめという言葉で表すこと自体が不適当でさえある。大人であれば、詐欺罪、恐喝罪、強要罪、強姦《ごうかん》罪に相当する。だが、今日ではこれら極めて悪質ないじめが頻発する。

これら極めて悪質ないじめの低年齢化も進んでいる。私の事務所が扱ったカネとセックスがらみのいじめにおける年齢別発生比率は、中学生が60％、高校生が35％、小学生が5％。すでに小学生同士のレイプ事案に何度も遭遇した。また、この手のいじめの発生件数は私がいじめ調査を開始した2004年以降ほとんど変化がない。2004年以前の発生件数は記録がないのでわからないが、少なくともここ10年近く、毎月1～3件は受件する。

これらのいじめが発覚した場合、学校の先生たちは必ずと言ってよいほどの確率で思考停止に陥る。先生たちには対処の方法がわからない。私の事務所では、カネとセックスがらみのいじめが疑われるケースは基本的に調査を受件する。このようないじめを受けている生徒はその事実を隠そうとする。そのため、ほとんどの場合調査員の尾行などが必要となり、有料の調査事案となる。

これらのケースでは被害生徒は切羽詰まった状況に追いやられている。このような事案の調査・対応を学校に任せて長期間放置すると、被害生徒が被るダメージは計り知れない。生徒・児童が自殺をほのめかし、彼らの生活そのものが破綻《はたん》しかかる。最悪の場合、子供が自殺する事態も想像に難くない。

カネとセックスがからむいじめのうち、半分弱を占め、最も発生率が高いのがカツアゲだ。まず、このカツアゲについて説明したい。ここでは、今日子供たちが行っているカツアゲの特徴、その調査手法、解決への流れについて紹介する。

今日のカツアゲには特徴がある。カツアゲというと、いかにも不良少年然とした生徒が気の弱い生徒に「金を出せ」と言って脅し取る、一過性の恐喝のイメージが強いが、今日のカツアゲはそうではない。ここでいうカツアゲは、いじめ集団が、1人の気の弱い生徒をターゲットとして、最初は少額から始まりやがて多額の金品を要求する、それが繰り返されて半年以内という短期間で、高額な被害が発生するものだ。

私の事務所が扱ったカツアゲ事例の最大被害額は、1000万円だ。1人の高校2年生の男子が、3カ月で6、7名の同級生から1000万円を巻き上げられた。これはどう考えても未成年が調達できる金額ではない。1000万円は突出した事例だが、半年で被害額100万円程度のカツアゲ事例は枚挙《まいきょ》にいとまがない。私が介入したカツアゲ事例のうち、実に7割が被害総額100万円を超えた。小学生でも総額40万円取られた事例がある。またカツアゲは男子生徒だけのいじめとのイメージがあるが、そうでもない。カツアゲ事例における生徒の男女比は、男8対女2といったところだ。女子もクラスメイトからお金を脅し取る。

継続する悪質なカツアゲのターゲットになりやすいのは、決まって、おとなしくて気の弱い生徒だ。だが、カツアゲを行う側の生徒にはこれといった特徴がない。これまで出会った加害生徒は、そのほとんどがどこにでもいる普通の少年・少女だ。不良少年・少女とはほど遠く、ふだん喧嘩をするタイプの子はまずいない。それどころか、中には一見非常に真面目に見える子もいる。

カツアゲ事例が発生する学校の偏差値レベルも決して低くない。どちらかというと中以上の学校で多く発生している。東京では学習塾のポスターに必ずその名前が登場する名門進学校で、被害総額1000万円のカツアゲ事例が起きた。1000万円取られた生徒も都市部の大学進学率が高い私立高校に通っていた。

兆候は「親の金を抜く」「妹のパンツを売りに行く」

継続するカツアゲも最初はささいなことから始まる。3カ月で1000万円を脅し取られた高校2年生のケースを例に、カツアゲ事例の発生から解決までの流れを紹介する。

ある時、同じ学校に通う6、7人の仲間集団が学校帰りにファストフード店で食事した。その際1人の生徒が、仲間から「今日は、お前のおごりな」と言われ勘定を支払わされた。これが1000万円をカツアゲされることになったきっかけだ。

今の高校生は、当たり前のように財布に2000〜3000円は持っている。一時期、中高生の間で、ファストフード店等で飲み食いした後、気の弱い子を1人取り残し、他の生徒が一斉に「ごちになります」と言って、店を出ていく行為が流行った。継続するカツアゲも最初は数千円という額からスタートする。小学生の場合は、数百円から始まる。これがカツアゲ事例の共通点だ。

仲間からターゲットにされた生徒は、繰り返し食事代を負担させられる。ゲームセンターに行けば「お前が払え」と言われ、ここでも全員分を払わされる。被害生徒も抵抗しないわけではない。ところが、この被害生徒がお金を出し渋ると、仲間に襟首《えりくび》をつかまれ体を殴られる。そして「お前何様のつもりだ」と凄まれる。払えば、仲間集団は「おれたち、友だちだよな」と言ってニコニコする。

被害生徒の心理には、脅されるのが怖いという気持ちと仲間はずれが嫌という気持ちが同居している。カツアゲする側も暴力を匂わせたかと思うと友だちのように振る舞う。アメとムチを使い分ける。しかし、一旦このループに入ると抜け出すのは難しい。

カツアゲを行うグループに特別な絆はない。１０００万円の被害に遭った生徒の場合もそうだ。彼は、通学路が同じだった、同じ学校に通う生徒集団のメンバー全員からカツアゲされたが、この集団にはたまたま通学路が同じという以外の共通点はない。

一度、仲間から「あいつは言えば払う」と思われると際限がなくなる。カツアゲの額もだんだんエスカレートする。１０００万円事例の被害生徒は、友だちの買い物につきあわされ洋服代ばかりかゲーム機代も負担させられた。こうなると仲間集団ではなく、いじめ集団に財布代わりとして使われているのがあからさまになる。この被害生徒は、加害生徒から「親が病気になって家の生活が大変だから１００万円貸してくれ」と言われ、その言葉に従って金を渡した。またある時には、「実家の事業が傾いたから１００万円貸してくれ」と言われその通りの額を渡した。その後も同じ集団から１００万円単位のお金を無心され続け、彼らの言葉に従った。

だがこんなことをいつまでも続けられるわけがない。高校生が自由にできるお金の額には限界がある。彼は、親から月２、３万円の小遣いをもらっていたが、それではとても追いつかない。また、この被害生徒は、お年玉などを貯《た》めた２００万〜３００万円の貯金も持っていたが、それもあっという間に消えた。継続するカツアゲ被害に遭う子供は短期間で自分の貯金を使い果たす。

こうなると、いろいろな理由をつけて親からお金をせびり出す。この被害生徒もそうだが「塾の教科書が変わったから５０００円いる」とか「塾の特別プログラムに１２０万いる」などと、さまざまな理由をつけてお母さんから毎月１００万単位の金をもらった。また、頻繁に祖父母の家を訪れてお小遣いをねだった。被害生徒の意識は、どうしたら友だちに脅されずに済むかより、どうやってお金を工面するかに集中してしまう。

1000万円の被害生徒はしていなかったが、中にはアダルトショップで妹のパンツを売ってお金を工面した被害生徒もいる。その被害生徒は妹の写真とパンツをアダルトショップに売って数千円のお金を作った。女の子は自分のパンツがなくなると当然気づく。この時は、妹が兄の不審な行動を親に報告しカツアゲ被害が発覚した。

そして、いよいよ金を工面する方法がなくなると、親の財布からお金を抜く。1000万円の被害に遭った生徒も、台所の食器棚にあるお母さんの「へそくり」が入った封筒から100万円を抜き、家族の誰もがその保管場所を知っている一家の生活費が入った財布から、たびたび数万円単位の金を抜き取った。

ここまでくると、親御さんもわが子の不審な行動に気づき始める。

どうもウチの息子は金に困っているようだ

「多分、ウチの息子は何らかのトラブルに巻き込まれていると思う、とにかく金が必要なようだ。本人に聞いても話さないので、どんなトラブルに巻き込まれているか調べて欲しい」

ある日、40代くらいの男性の声でこんな内容の電話がかかってきた。電話の主は100

0万円被害生徒のお父さんだ。カツアゲ事例の依頼者のほとんどは被害生徒の親御さんだ。聞けば、息子が親を騙《だま》してまで金を工面していることに気づいたこのお父さんは、わが子に詰め寄った。

「お前、何にそんなに金がかかるんだ。塾で必要とか言っていたが、塾に問い合わせたら、そんなものはないと言ってたぞ。一体、何をやってるんだ」と怒鳴りつけた。

しかし、本人は貝のように口を閉ざして何もしゃべろうとしない。だから、探偵に依頼しようと思ったという。私は、依頼を受けることを前提に依頼者の自宅に赴いた。この時点で依頼者は、自分の息子がカツアゲに遭っているとは夢にも思っていない。逆に私のほうは、いじめ＝カツアゲされているのではないか、という予感があった。

依頼者の自宅は豪華な一戸建てで、裕福な暮らしぶりがうかがい知れた。お父さんは会社を経営していて多忙な日々を送っている。朝早く家を出て夜遅くなるまで戻ってこない。「ふだん、父親の顔が見えない」家庭状況は、いじめ事案と切っても切れない関係にある。

それにしても、1000万円も取られるまで、わが子の不審な行動に気づかないとはにわかには信じられない。だが、被害額は調査終了時に確定したもので、この時点で家族は息子は金で困っていると漠然と思っていたにすぎない。

依頼者宅の家計はお母さんが1人で管理していた。毎月、お母さんがその月に必要な生活費の額をお父さんに伝え、お父さんはお母さんが要求する額をそのまま渡す。月々の生活費は一律ではなく多少変動があるのが常だった。ところが、過去数カ月、お母さんが要求する額が急増している。それも半端な上昇率ではない。

そう感じたお父さんは、妻に「どうしてこんなにお金がかかるのだ」と聞いてみた。するとお母さんは「あの子（被害生徒）が塾の新プログラムとかで、お金がいるとか、いろいろ言ってくるから」と返答した。しかし、お母さんからいろいろ説明を受けるうちに、お父さんはそんな馬鹿なことがあるわけないと感じた。何らかの理由で、わが子が金銭トラブルに巻き込まれているに違いないと判断した。

後に聞いた話だが、この時点でお母さんは、自分の財布からお金が抜かれていることにうすうす気づいていた。だが「きっと息子には彼女でもできて、お金がいるんでしょうくらいに思っていた」という。被害生徒以外の家族の人々と話してみてわかったのだが、このお母さんは、娘さん（被害生徒の妹）から「サザエさんみたいなお母さん」と言われるほどおおらかな性格の持ち主だった。

結果的に被害額がカツアゲとしては異例の1000万円にも上った背景には、裕福な家庭環境、ふだん家で過ごす時間が極端に少ないお父さん、そして、のんびり屋のお母さんの存在があったと言わざるを得ない。

親御さんと調査方針を打ち合わせした時、私は「息子さんに直接会わせて欲しい」と要求した。親子間で言えないこともアカの他人には話す確率が高い。だが、当初お父さんは「あなたは調査だけしてくれればいい」と頑《かたく》なに反対した。どうも、私立探偵などという怪しい職業の人間をわが子に引き合わせたくないようだ。だが、私は「自分は教員免許も持っているので、安心して欲しい」と親御さんを説得し、結局、お父さんが雇った「生活トレーナー」というかなり無理のある肩書きで被害生徒と接した。

さらに私は、家族の全員が知っている、生活費が入った財布が置いてある場所に隠しカメラを設置して、本当に息子さんがお金を抜いているか確認することも提案した。今回の事案では、固く口を閉ざした男子生徒に本当のことを言ってもらわなければ調査は進まない。動かぬ証拠を突きつけられれば彼も真実を語る。その証拠を取るための隠し撮りだと説明した。が、これも反対された。普通は、この手の隠し撮りは親御さんから頼んでくるケースが多いが、この家の人たちはどこまでも息子を信じたいという気持ちが強かった。

そこで私は「家族同士で隠し撮りをやったのでは、家族の絆がバラバラになる危険があるが、今回は部外者の専門家が行うのです。それに外部から泥棒が入って、お金を抜いている可能性もある。そのことを確認する意味でもカメラを設置したほうがいい」と説得し、やっと了承を得た。

動かぬ証拠をそろえ被害生徒から真実を聞き出す

結局、依頼日に即日契約、翌日には隠しカメラを設置し、私は生活トレーナーの名目で被害生徒に紹介された。当然この日から親御さんの依頼の下、調査員に被害生徒本人を尾行させた。

突然、目の前に生活トレーナーと称する、見知らぬおじさんが登場して被害生徒は面食らっていた。彼の個室にはその頃はまだあまり普及していなかった32インチの薄型液晶テレビがあり、裕福な暮らしぶりを物語っていた。本棚には『ONE PIECE』が並んでいた。そういうところは普通の高校生だ。

被害生徒にはほとんど表情がなく、紹介されても私と目を合わせない。私は生活トレーナーの肩書きで紹介された手前、彼に勉強や腕立て伏せをする指示を出した。そうしながら彼の周囲を観察する。彼は私のどんな指示にも従順に従った。ただ、2人でいる時も、彼のケータイはしょっちゅうブルブルと震える。すると「すいません」と言ってケータイを持って部屋を出ていってしまう。おそらくカツアゲ集団からの呼び出しだろう。

彼が部屋から出た後、彼の持ち物を調べた。机の上に置いてあるバインダータイプの手帳を見ると、過去の予定表の欄にイニシャルと数字が書いてある。どうやら、この子は、誰にいくらお金を渡したか記録している。実はこの手帳が、後の被害額算定に大いに役に立った。

なぜ彼は加害生徒に渡した金額と日付を記録したのか。彼を尾行した調査員の報告によると、彼は日常的に仲間集団から暴行を受けていた。本人にもカツアゲされているという認識はあるはずだ。ひょっとしたら、記録をつけることで、取られたのではなく貸しているのだと自分に言い聞かせ、自尊心を保とうとしていたのか。

彼が部屋に戻ると、彼の体に暴力の痕跡があるか確かめるために、上半身裸になるように指示した。「筋肉の様子を見るから、上着を脱いでその場で回ってみろ」と命じると彼は素直に従う。背中にはいくつものアザがあった。「それはどうしたんだ」と聞くと「鞄ですれた痕だよ」と答えた。だが、それは子供らしいへたくそなウソだ。そのアザはどう見ても殴られた時にできる打撲痕に見えた。私は調査資料に加える証拠の写真を撮った。

調査開始から1週間後、隠しカメラを回収し調べてみると、見事に、彼がお金を抜いている映像が残っている。しかも、カメラを設置した翌日には抜いていた。並行して行った尾行調査では、彼が何度も仲間に脅かされてお金を支払う様子を動画で記録できた。この時点で、脅している生徒の名前や自宅、暮らし向きも調査員が調べ上げていた。証拠は出そろった。あとは本人に認めてもらうしかない。

被害生徒、お父さん、私の3人で、依頼者宅の居間で話し合いを持った。親子の話し合いに探偵が立ち会うかどうかは、ケースバイケースだが、この時はお父さんの了解の下、立ち会うことにした。

このお父さんは経営者だけあって強気な性格だ。自分の息子が弱々しくお金を取られている事実に苛立《いらだ》っている様子だった。話し合いの途中で息子を殴る可能性もある。

私は、親が子供を殴ってはいけないとはまったく思わない。だがこのケースでは、感情的になりすぎると冷静な話ができなくなる。話し合いでカツアゲの事実を明らかにしたい私はその事態を回避したかった。だから立ち会った。

「お前、家の金盗っただろ！」

口火を切ったのはお父さんだった。

「何でそんな悪いやつらとつるむんだ」とまくし立てる。この時、どういうわけか部屋のテレビがついていて『ごきげんよう』が流れていた。こんな時に家族の誰もテレビを消そうとしない。人間というのは不思議なものだ。

小堺一機のトークをBGMに、私はパソコンを操作して彼に自分自身がお金を抜く映像を見せる。

「ほら見ろ！」と怒鳴るお父さん。そして、『ごきげんよう』の音声がまた聞こえる。

いじめた相手を懲らしめよう

「隠し撮りなんてしやがって、汚ねえな、この野郎！」

今度は息子が大声を上げる。

次の瞬間、私は彼の頭をグーで1発殴った。彼はよろけて私の顔を見た。

「この人、人に手を出すんだ」彼の顔にはそう書いてある。これまで親にも殴られたことがないだろう子供が、知らないおじさんに殴られて驚いていた。

念のために言っておくが、私は空手の有段者でこの時はかなり手加減して殴った。またお父さんには事前に、話の流れによっては手を出すかもしれないと伝え、了承は得ていた。

親が子供を殴れば親子喧嘩が始まる。そうなれば、あとあと恨みが残る可能性がある。殴るのが部外者の探偵なら当事者たちは逆に冷静になる。調査を円滑に進めるのが探偵の目的だ。つまり、私は、その後の成り行きを読み、すべて計算した上で彼の頭を殴った。

ここで私は、初めて被害生徒に自分の身分を明かした。

「おれはお父さんがお前のことを心配して雇った探偵だ」と怒鳴った。

「お前を裸にしたのも、体に殴られた痕がないか調べるためだったんだ」

そして勢いでこう口走った。「言っとくけど、おれはホモじゃないからな」

さらに私は彼を一気に責め上げた。

「この金額はおごってあげているというレベルの金額じゃない。○○くんと、○○くんにお金を取られているだろう。こっちは全部調べたんだ」

だが、それでも彼はカツアゲされていると認めない。

「だってしょうがないじゃん、○○くんの家は、お父さんが入院したから」とか、「○○くんは、バイトしないと暮らせないぐらい生活が苦しい、でも一緒の大学に行きたいから」と言い訳を並べ立て、あくまでも友だちを助けただけだと言い張る。

私は「その親が入院したことを確認したのか？　今起きていることが尋常じゃないこと

くらいわからないのか」とやり返した。

こういう問答が30分くらい続いた後、私は彼に諭すように話しかけた。

「きみは、脅されている。そのことはもう明らかになっているから、来月から小遣いはゼロだと思うよ。これは、今やめさせなかったら止まらないよ。きみが死ぬまで止まらないよ。エスカレートするから」

彼は私の話を、目に涙を浮かべながら聞いていた。

そして遂に「本当は、あんなことはしたくない。もう渡したくないんだ」と叫び泣き崩れた。彼は声を震わせた。

「おれだって、そんな、親が入院したなんて話、本当じゃないと思ってるさ」

ここで私は、核心に触れる話をした。

「ウソをついてお金を取ったら詐欺罪だ。でも、向こうのほうが、人数が多いんだから、きみが勝手におごっただけだと言われたら、返してもらえなくなる。別に借用書のサインがあるわけじゃないんだから。だったら、証拠を取ろうよ」

彼は、私と目を合わすことなくこうつぶやいた。

「わかった。何をすればいいんですか？」この時、つけっぱなしのテレビは、なぜだか外国映画に変わっていた。

この日のうちに、彼は、自分の手帳に記録した金額と貸した相手についてすべて話した。彼から「親が入院したから金を貸してくれ」と言って100万円取った生徒の親は実はぴんぴんしている。これは調査員の尾行身辺調査から、すぐに明らかになった。

私たち、つまり被害生徒と親御さんと私は、詐欺や恐喝の動かぬ証拠を取るために当事者録音をすることで合意した。録音するのは被害生徒自身だ。後日、事務所で彼に当事者録音の方法を教えた。この時も、彼には、当時は最新鋭だった腕時計型の録画カメラを使ってもらった。校内での会話は彼1人で当事者録音を行う。校外では、私を含めた調査員2人が常に尾行し、加害生徒とのやりとりを少し離れた場所から録画する。

当事者録音に際し彼には、会話する時は、「あれ」とか「これ」など曖昧な言葉遣いはせず「貸した120万円返してよ」と、はっきりとしゃべるようにレクチャーした。

レクチャーの最中、彼は単純にワクワクしている様子だ。まるで人が変わったようだ。腕時計型撮影機を見て「これ、すごいっすね」と感心している。だが、当事者録音の当日が近づくと「録れるかな、録れないかな」と心配でたまらない様子だ。

相手は7人だ。一度に全員と話すのは無理なので、数人ずつ会話の機会を設けて当事者録音することにした。

カツアゲの証拠を集める

最初の1人（加害生徒）とはゲーセンで会った。実は、この第1発目の当事者録音で少しヒヤッとすることが起こった。その時の、彼と加害生徒の会話を再現する。

被害生徒「あの100万円、いつ返してくれるの？」
加害生徒「はいはい」
被害生徒「何月何日に返してくれるの」
加害生徒「……」
被害生徒「返す気ないの？」
加害生徒「友だちだろ」

少し離れた場所で会話をモニターしていた私は一瞬、凍った。予行演習では、ここで相手が「お前、そんなこと言える立場かよ」と凄んでくると予想していた。そうなれば立派な脅迫だが「友だちだろ」の返事は想定外だ。

どうなるか固唾《かたず》を呑んで様子を見守っていると、被害生徒は予行演習では使わなかった台詞を相手に向かって吐いた。

「ボクを騙したの？」

これで相手もブチキレた。被害生徒の襟首をつかみ「うるせーなー」と凄む。明らかな脅しの証拠が取れた。会話の中で加害生徒が否定しなかった金額も、彼の手帳の記録と一致した。

この調子で、1人ずつ当事者録音を続け、加害生徒7人中5人までは順調に事が運ぶ。途中で、被害生徒は何度か加害生徒たちに殴られたが、それにも耐えた。しかし、残り2人のところで事件が起きた。

彼は、繁華街で残り2人の加害生徒と待ち合わせた。その加害生徒2人は彼が現れるやいなや、彼を無理やりビルの裏側に引きずっていった。私たちが慌てて現場に急行すると、ビルの陰の、表通りから死角になる空き地で、加害生徒2人の彼に対する殴る蹴るの暴行が始まっていた。おそらく、他の仲間から事前に彼の行動が知らされていたのだろう。こうなると緊急事態だ。

私は、2人の加害生徒と彼の間に割って入り「きみたちのやっていることは傷害罪だぞ！」と怒鳴った。

突然現れた知らない大人に加害生徒２人はビビっていた。ふだん、私はジャケットにノーネクタイの格好で調査を行う。この時もそうだった。私は加害生徒たちに自分の身分は明かさなかったが、彼らは勝手に警察だと勘違いしたようだ。

加害生徒たちはパニック状態だ。私は、ここで一気にカツアゲの事実を認めさせようとした。「お前はいくら取った」「金は何に使ったんだ」と怒鳴りつけると、彼らはすんなりと事実を認めた。

私はここでさらにたたみかけた。

「きみたちのやっていることは犯罪だから、この場で親に電話しなさい」

すると１人の加害生徒が「ごめんなさい。騙してすいませんでした。でも、親にだけは言わないでください」と懇願し始めた。

だが、結局この場で彼らはすべてを白状し、その様子の一部始終を私に同行したもう１人の調査員が録画した。

「お金を持っているのになぜ人にたかるんだ。財布を見せてみなさい」加害生徒たちにこう言ったら、彼らは素直に財布の中身を見せた。その財布の中には、なんとキャバクラのカードが入っている。高校生が友だちからカツアゲした金でキャバクラか……呆《あき》れるばかりだ。

調査終了時、カツアゲされたと証明できる被害額は1000万円に上ることが確定した。ちなみに、この金額にはファストフード店での食事代は含まれない。記録がないからだ。単純に貸した名目で騙し取られた金額だけで1000万円に上った。加害生徒はおのおの100万円以上、被害生徒にたかっていたが、1人だけ500万円も取っていた生徒がいる。

数日後、膨大な量の調査資料を依頼者である被害生徒のお父さんに届けた。これで探偵の役目は終わりだ。

しかし、なぜ1000万円取られるまで気づかないのか。資料を渡す時「呆れましたよ」と告げると、依頼者も「自分でも呆れる」と言った。

証拠をそろえて、学校、警察を巻き込む

このケースでも資料を提出した時点で探偵の仕事は終了する。あとは依頼者である親御さんが、その資料を学校に持参して対応を求める。依頼者から、どうしても学校に同行して欲しい、資料の説明をして欲しいと言われれば、付き添う。が、今回の依頼者、被害生

徒のお父さんは1人で学校側と交渉した。ただ、その後も緊密に連絡は取り続けた。

このお父さんの話によると、彼が学校に出向いて事情を説明すると、担任は「事情はわかりました。ちょっと待ってください」と言った。

しかし3週間が経過しても、学校から連絡はない。この間、お父さんがたびたび「学校はどうするつもりなんだ」と電話で問い合わせたが「待ってください」の一点張りだ。こういう時学校では何が起きているのか。これまでの経験から事情は想像できる。

学校側の最初の対応窓口は担任の先生だが、担任では処理できないので担任は教務主任に相談する。教務主任もどうしてよいかわからず教頭先生に相談する。教頭先生は校長先生に相談する。結局、学校全体を巻き込んだ事案になる。

学校としては事実を認知してしまったら何かしなきゃいけない。でも、表沙汰にしたくない。個々の先生は自分の立場がまずくなる事態だけは回避したい。いろいろな思惑が駆けめぐった挙げ句、事態の深刻さを前に学校は完全に思考停止に陥る。

結局このケースでは、しびれを切らしたお父さんが警察に相談した。相談を受けた地元の警察は「驚愕《きょうがく》の事実だ」と言った。額が額だけに、詐欺なり恐喝なり何らかには当たると判断したようだ。

だが同時に、警察サイドは「これは、生徒間の問題でもあるし、まずは学校で適切な処分を考えてもらわないと」とも言った。今度はお父さんからではなく、警察から学校に「事実を把握していますよ」との連絡が入った。

そこで初めて学校が動き出した。正確には学校が主体的に何かを判断し行動したのではなく、警察と相談して加害生徒の処分を決めたようだ。カツアゲした生徒は全員が一旦補導された。が、すぐに全員釈放され、リーダー格の1人が保護観察処分になった。退学者はゼロ。新聞沙汰にもならなかった。

学校による、いじめ集団と被害生徒の隔離も行われた。加害生徒たちは教室から自習室へ移動し、被害生徒には一定期間ボディガード役の先生がついた。しかし、ほどなくボディガードも必要なくなり被害生徒は普通の学校生活に復帰した。

加害生徒の親たちも、すべての事実を認め損害額を全額弁償する運びになった。いじめの損害賠償でゴネる親もいるが、このケースに関してはそれはなかった。額が大きいという理由もあるが、加害生徒の保護者にしてみれば、すでに警察が入っている事案でゴネれば、自分の子供の人生が無茶苦茶になるかもしれない、という恐怖もあったのだろう。

ただ、1000万円のうち、1人で500万円カツアゲした生徒に関しては、その子の親御さんから「返済は分割でお願いできないか」との要請があった。被害生徒の親御さんはそれを了承し、一件落着となった。

中には非を認めない加害生徒の親も

悪質なカツアゲ事例は日常茶飯事だ。被害額1000万円は突出したケースだが、100万円程度のカツアゲは頻発している。

気の弱い生徒を脅し、時には殴る蹴るの暴行を加え金を巻き上げる。そんなことが、今この瞬間にも起きている。本書では、いじめという文脈で事例を紹介しているのでカツアゲという言葉を使用するが、実際にはこれは立派な恐喝だ。

しかし世の中は広い。不思議な人たちがいる。すべての事実を突きつけられても、自分の子供が奪い取った金を返済しようとしない加害生徒の親が存在する。特に、まだ警察沙汰になっていない、学校は表沙汰にしたくないというケースでは、賠償金を踏み倒そうとする親は珍しくない。

典型的なクレーマー・タイプのお母さん、事情もわからず興奮しやすいお父さん。踏み倒そうとする親には、そんなタイプの人が多い。加害生徒の親が返済しないと言い出したら、被害生徒の親御さんに、警察に被害届を出すように勧める。筋の通らないことを言う相手は法的手段に訴えるしかない。

だが、警察に被害届を出しても、必ずしも警察が動いてくれるとは限らない。いや、まず動いてくれない。学校内のことは学校内で対処すべきとの意識が強いのだ。

そうなると、私の扱う案件では、依頼者の意志にもよるが、弁護士を立てて損害賠償請求訴訟を起こすことが多い。親御さんから相談を受ければ、弁護士を紹介する。都内であれば知り合いの弁護士を紹介するし、地方であればその地域の弁護士会に出向き弁護士を探して紹介する。

ちなみに、この行為はボランティアのようなもので対価は発生しない。現在の法律では、弁護士を紹介してお金を取ってはいけない。

恐喝なり詐欺の証拠はそろっているのだから、民事訴訟を起こせば、当然、被害者側は勝訴する。が、しかし、呆れたことに、ここまできても踏み倒そうとする親がいる。それも少なからずいる。

こういう時、私は、依頼者=被害生徒の親御さんと相談の上、加害生徒の親が勤めている会社を突き止めるなど、加害生徒家庭の身辺調査を行う。相手の資産を調査し、差し押さえ可能な資産の情報を依頼者に伝える。

そうすれば、被害生徒の親御さんは、賠償金を踏み倒そうとする加害生徒の親権者の資産を差し押さえることができる。

このように被害者が泣き寝入りしそうなケースでは、私は、本来探偵の仕事ではないと思えるところまで、徹底的にやる。しばしば他人から、探偵がそこまでやる必要があるのかと聞かれる。自分でも、なぜそこまでやるのかと思う。

しかし、子供を恐怖に陥れ奪い取ったその金を踏み倒す行為は許せない。そういうことを平気でやる人間は、それまで、その地域社会において、それがまかり通ってきた経験があるから、同じことを繰り返すのだろう。ゴネればなんでも通ると思っている。そういうヤツには「世の中、そんなに甘くないぞ」と教えてやりたい。

なぜ探偵がそこまでやるのか？　単純に、私がそういうヤツを見ると頭にくるから、やってしまうのだろう。

2006年頃から捕捉件数が増えた、援助交際の強要

子供のいじめもカネとセックスがらみが増えていると言ったが、その象徴のような事例

が援助交際の強要だろう。これは、その呼び方が示す通り、要するに、女子高生が同級生の女の子に援助交際を無理やりさせることだ。

この事案に関しては、さすがに中学生の捕捉実績はなく調査対象は高校生ばかりだ。私の事務所では、2006年頃から毎年コンスタントに4、5件はこの事案を扱う。この間、増えてもいないし減ってもいない。

では、どんな子がこういう悪質ないじめを行うのか。援助交際を強要する側の女子高生は、見た目は普通の子である。学業成績も決して悪くない。強要される側の生徒も、比較的気が弱く頼まれたら断れないタイプという以外にさしたる特徴はない。

中には、加害生徒のバックにヤクザがついていたり、男子の半グレ集団がついている場合もある。だが、そういうケースは全体の2割程度だ。

つまり、援助交際の強要事例においては、ほとんどの場合、ごく普通の女子高生が客を見つけ、援交を行う生徒を確保し、両者を調整して、売春行為をさせている。もちろん加害生徒にとっては、援助交際の強要は小遣い稼ぎの手段だ。

援助交際でお客が一度に支払う金額は高校生の場合2、3万円だ。この金額は近年下落しているようだが、その額のほとんどは胴元の加害生徒がピンハネし、被害生徒には50

00円ほど渡して共犯にする。援交をさせられている側はやめたいと思っている。だが、強要している加害生徒が、被害生徒の弱みを握って繋ぎ止める。そういうパターンがほとんどだ。

いつからこの手のいじめが発生しているのか、確かなことは言えない。2006年以前は、いじめ調査を行った結果、援助交際の強要が発覚するかもしれないとの心構えが、探偵の側にもなかった。探偵の側が、そこまで深く入り込めていなかったため表面化しなかったのだろう。

実際には、かなり以前から、援助交際の強要は、高校生の間では、当たり前のこととして存在していたと思う。

どういう学校で援助交際の強要事案が発生するのか。実はこれにも特徴がない。荒れている学校でも起きているし、誰もが良家の子女が通う学校だと信じる東京の有名私立でも起きている。

東京の某有名私立校では男子生徒が男子生徒に対し、同性愛者との援交を強要するいじめも発生している。気の弱い生徒を新宿二丁目のハッテンバに連れていき「ここで客を取れ」と告げて、1人置き去りにする。

他の連中は遠くからビデオカメラで、置き去りにされた子の様子を撮影して喜んでいる。これなどは、本当に売春させるのが目的ではなく、からかいに近い。が、女子の場合は、援助交際の強要といえば、紛れもなく売春強要だ。

では、実際に扱ったある事例をもとに、援交強要の発覚から収束までの流れを見てみたい。ある日、高校2年生の娘がいるお母さんから電話がかかってきた。そのお母さんは、「娘が変な男とつきあっているようなので調べて欲しい」と言う。

聞けば、娘のパソコンを見たら「生理がこない」とか「性病」の検索履歴が残っていた。これまでは活発で親には何でも話す子だったのに、近頃は1人で泣いていることがある。ケータイが鳴るとドキッとした表情になる。だから「きっとボーイフレンドが悪い人なのではないかと思う」とお母さんは言う。

娘さんの通っている学校は、進学率の高い都市部の女子校だ。この時点でお母さんは、まさか自分の娘が援助交際を強要されているなどとは思っていない。しかし私はまずその可能性を疑った。

ちなみに、援助交際の強要事例に関して、娘の異変に気づき相談の電話をかけてくるのは、ほとんどの場合お母さんだ。中には、お母さんに促されてお父さんが電話してくることもあるが、お父さんがお母さんよりも早く娘の異変に気づくことはまずない。

このような相談を受けると、私はまず、親御さんに、娘さんの行動を細かく記録してレポートを作って欲しいと要請する。このことはどんな事例でも変わらない。

何曜日の何時に塾に行って、何曜日には部活で何時まで学校にいた等々、娘さんの行動が具体的に把握できるレポートを作ってくださいとお願いする。また高校生のケータイはほとんど親名義であるため、もし娘さんのものがスマホならGPS機能で行動を追ってみてくださいと要請する。

これだけでかなりのことがわかる。例えば、部活を終えて家に向かっている時間帯なのにケータイが長時間繋がらない。GPSで追跡すると塾にいるはずの時間に繁華街にいる。こうなると親に言えないことを隠れてしている可能性が高まる。私はこの段階で調査を受件する。

援交強要が疑われるケースでは、調査受件したタイミングで探偵が生徒本人に会うことはまずない。本人は親に何かを隠している。隠したい理由があるから隠している。証拠もなく問い詰めてもまず彼女は本当のことは言わない。

だから援助交際の強要が疑われるケースでは、援交の現場を押さえるため本人を尾行する。動かぬ証拠があれば彼女も本当のことを言わざるを得ない。そして、1週間も尾行すれば決定的な現場に遭遇する可能性が高い。

探偵が尾行して、援助交際の現場を押さえる

夏の夕方だったと思う。私を含む調査員2人で、彼女（依頼者の娘さん）を学校の正門から尾行した。彼女は同じ学校に通う女子生徒1人と学校から出てきた。彼女の表情はどことなく暗い。

こういう時、探偵は親御さんから渡された本人の写真から当該生徒を特定するが、いじめに遭っている子の表情は、必ずと言っていいほど写真の顔よりも暗い。2人ともメイクやヘアスタイルが派手というわけではない。どこにでもいる普通の女子高生にしか見えない。

しばらく徒歩で尾行する。2人は学校から少し離れた繁華街にあるシェーキーズに入った。そこで軽食を食べながらのおしゃべりが始まった。一見すると普通の女子高生2人が下校中にファストフード店で暇を潰している、どこにでもある光景だ。私たちは、相手に気づかれないように近くの席に座り2人の会話を聞く。

　彼女たちの話題は学校の先生やお笑い番組のことなど、全体としては普通の女子高生が話しそうな内容だ。だが一度だけ気にかかることがあった。彼女が何の脈絡もなく「もうやめたい」という言葉を発した。それに対し援交を強要しているらしき女子生徒は「もう少し、続けなよ」と返した。

「援交」という言葉は出ない。この会話の内容だけなら、部活をやめたいのか何をやめたいのかわからない。

　だが、しばらくして彼女がトイレに立ち私服に着替えて戻ってきた。彼女は私服姿になっても派手な印象はなかった。やはりどこにでもいる女子高生にしか見えない。だが彼女が私服に着替えたことで、私たちは今日がその日だとわかった。

　2人はシェーキーズを出てさらに繁華街の奥のほうへ向かった。ほどなくして、ラブホテル街に入った。彼女ともう1人の生徒は並んでは歩かない。強要しているらしき女子生徒は彼女よりかなり後ろを歩く。背後から彼女の行動をうかがっている。彼女はホテル街の路上で立ち止まると、盛んにケータイで誰かに自分の居場所を説明している。しばらくすると40代後半のスーツ姿の男が現れ彼女と合流した。この男が客に違いない。

　その男は今日も一日働きました！　という感じの、くたびれたサラリーマンふうだった。

しかしそんなことはどうでもいい。この男も援助交際強要の証拠にすぎない。彼を警察に突き出すのが探偵の仕事ではない。彼女が援助交際を強要されている証拠を取ればよいのだ。

私たちはどのタイミングで現場を押さえるか頭を巡らせた。早すぎるタイミングで出ていくと「私たちホテルには入りません。友だちです。これから食事に行くだけです」と言われる危険性がある。かといって、ホテルの部屋に入ってしまわれると厄介だ。

私たちは、2人がホテルに入るのを確認し彼らに気づかれないようにすぐ後からホテルの建物内に入った。そして息を潜めて部屋の前まで尾行する。探偵は職業柄、都市部のラブホテルの構造を熟知している。2人が部屋に入ろうとして、彼女がドアノブに手をかけたまさにその瞬間、私は背後から彼女の腕を握りしめた。

目の前に突然、知らないおじさん2人が現れて彼らは動転する。彼女も男性も、みるみるうちに顔色が真っ青になっていく。

私は彼女に向かって「未成年でしょ」と尋ねる。すると相手は必ずと言っていいほど「違います」と答える。この時もそうだった。次に私は平然とした表情で「ウソついてんじゃねーよ、きみの学校も名前も調べはついているんだよ。援助交際でしょ」と語りかける。横で男が聞いているので学校名は出さないが、全部調べてある旨を伝える。すると彼女は「えっ！」と言って下を向く。

男の側の反応はさまざまだ。「美人局《つつもたせ》か？」と言ってくるヤツが多い。そういう時は「違うよ。別に金は取らない。あんたは援交でしょ？」と答える。

こちらとしては、援助交際の証拠として、相手の男の身分を特定し、どんな方法で援交する女子高生とコンタクトを取ったか聞きたいだけだ。

この時もそうだったが、男には、名刺なり免許証なりを見せて欲しいと要求する。こういう会話の間中、もう1人の調査員がそのやりとりを録画している。そのため多くの男は断念して自分の身分を明かし、走って逃げていく。

ちなみに、援助交際の現場を押さえた時点で探偵の調査は強制終了となる。相手の男からは、援助交際の事実を明らかにするために情報を聞き出す。だが、探偵である前に人間として、または社会人として、目の前で起きている危険な状況を放置できない。この時、優先されるのは未成年者を保護することだ。

女子高生を買う男の中には「警察呼ぶぞ」と騒ぎ出すヤツもいる。ちょうどこの時の男がそうだった。スマホに110番と打って「警察を呼ぶぞ」と叫び、「発信」ボタンを押すふりをしたので、私は「じゃあ呼べば」と言って、「発信」を押してやった。

するとそいつは慌てて通話を切ったが、その直後から何度も0110番つまり警察の電話番号から着信があり、そのたびに男は慌てて通話拒否のボタンを押した。警察沙汰が困るのは私たちではなく、この男のほうだ。私は援助交際強要の証拠を集めたいだけだ。

結局その中年男も自分の身分を明かし、彼女に向かって「もう二度と連絡しないからな」と捨て台詞を吐き、走って逃げていった。

だがこういう場面で、泣き出す男もいる。そういう時は「あなたを警察に突き出すつもりもないし、お金も要求しないから、あなたが、どこの誰なのか教えてください」と優しく言う。するとほとんどの相手は言葉に従う。

こういう時、抵抗もせず、身分も明かさず、一目散に走って逃げる男もいる。しかし彼は一番かわいそうな存在だ。結局は、ホテルを出た瞬間から探偵に尾行され、家の場所や家族構成、勤務先、暮らしぶりまで、すべてを調べられてしまうのだから。

念を押すが、援助交際をしている男を犯罪者にするのは探偵の仕事ではない。彼らは証拠を形成する材料にすぎない。探偵の仕事は悪質ないじめ、この場合は援助交際の強要から、被害生徒を守るために証拠を集めることだ。だから、あまり手を焼かせないで欲しい。

ごく稀《まれ》に、探偵が踏み込んだ段階で、援助交際を仕切っている女子生徒の背後に控えていた半グレ集団あるいはギャングのような連中が乱入してくる。だがその頻度は低い。この時もそれはなかった。そうなった場合の対処法については後述する。

同級生に裸の写真を撮られていた

男が逃げてホテルには彼女と探偵だけが残った。この後は通常、私たちもホテルを出る。そして私は、彼女＝被害生徒と2人きりで話をする。話し合いの場所はその時々によって違うが、だいたい近くの喫茶店か、あるいは探偵のクルマの中が多い。他人に会話の内容が知られないところならどこでもいい。この時は、近くに停めてあった事務所のクルマの中で彼女と話をした。

こういう時探偵は、まず間違いなく地回りのヤクザと間違えられる。この時もそうだ。だから彼女は私に向かって「どちらの人ですか？」と聞いてきた。

「どちらの組の人？」という意味だ。ヤクザが自分たちの縄張りで商売をされて怒っていると勘違いしている。

そして、必ず彼女たちは「電話を1本かけさせて欲しい」と要求する。援助交際を強要している人間に、何かあったら電話しろと言われているのだろう。だがこの申し出はキッパリと拒絶する。この時も彼女はこう言った。「電話させてもらえませんか」

「ダメだ」と私。

ここで私は身分を明かす。自分はヤクザでも警察でもない、親御さんがあなたを心配して雇った探偵だ、と。その上で、彼女にケータイの中身を見せるよう指示した。中には嫌がる子もいるが、そういう時はケータイを取り上げて「暗証番号は？」と聞く。するとだいたいは教えてくれる。この時はほとんど無抵抗でケータイの中身を見せてくれた。

援交の現場を見つかった時点で本人は動揺している。ほとんどの場合いちいち抵抗する気力は残っていない。では、なぜ探偵はケータイの中身を確認するのか。援助交際強要の事例では、当該生徒のケータイの中身を見れば、必ずそこで証拠が発見できる。

この時も、メールをチェックすると「ウリ」とか「もうウリはやめたい」という文面が見つかった。さらに、この彼女の場合は加害生徒に送った「裸の写真を返して」というメールも見つかった。

ケータイの中身を、彼女と一緒に確認した上で「強要だよね。やらされてたんでしょう？」と聞くと、あっさり「はい」と答えた。泣き出すでもなく、むしろ何が起きたかわからない、呆気にとられた表情をしている。

本人が援交強要の事実を認めたら、その場の雰囲気が変わらないうちにこれまでの経緯を一気に聞き出す。この時は、強要した子は同じ学校の女子生徒であること、その加害生徒には不良っぽいボーイフレンドがいたが、そのボーイフレンドは援助交際には一切ノータッチだ、などの事実がわかった。つまり1人の女子高生が独力で援助交際をセッティングしていた。これまでに何回援助交際を行ったのか、他に誰が強要されているかも聞き出す。そして一番肝心なことだが、当然、なぜ強要されるに至ったかもここで聞き出す。

援助交際の強要事例では、加害生徒が被害生徒の弱みを握り、脅すケースが多い。彼女の場合も加害生徒に脅されていた。彼女は「友だち（加害生徒）の家に泊まりに行った時に、裸の写真を撮られてしまった。ウリをしないと、その写真を人に見せると脅されて、援交させられていた」と白状した。そして、その裸の写真なるものも彼女のケータイに入っていた。だがその写真は複製でオリジナル・データは加害生徒が保管しているという。

その写真をよくよく見てみると、ただ単に寝ているところを裸にされて撮られただけのものだった。別に恥ずかしいポーズで撮られたとか、誰かとセックスしているのを撮られたわけではない。

確かに裸の写真を他人に見せられるのは恥ずかしいだろう。でも、そうされないのと引き替えに援助交際をする感覚がわからない。単なる裸の写真ならたとえ人に見せられても、それは私じゃないと言い張れるかもしれない。知らない男とセックスするほうがよほど辛い気がするのだが……。この心理状態は理解できない。

ほとんどのケースで、女子高生が援交を始めるきっかけは驚くほど軽い。私にはそう思えてならない。

一通り話を聞き終えると事務所のクルマで彼女を自宅に送り届けた。親御さんには「娘さんは、援助交際を強要されていました。今日は未遂でしたが、前はわかりません」とだけ伝える。

この話を聞かされるのはお母さんだけだ。この日、依頼者宅に到着したのは午後10時頃だったが、お父さんはまだ仕事から帰っていない。いつもこんな感じだ。お父さんは何が起きているか知らないことが多い。

だが、報告を受けたお母さんの驚き方は半端ではない。誰の目にもわかるほど動揺してしまう。このお母さんは、お茶を淹《い》れる動作の途中で急に茶葉を食べ出した。「娘が援助交際を強要されていた」と報告を受けた親御さんは、こう言っては失礼だが動揺のあまりコミカルにさえ思える反応を示すのが常だ。

しかし調査はこれで終了ではない。加害生徒に強要をやめさせるには、強要の事実を認めてもらう必要がある。被害生徒がすべてを語った直後から、探偵は加害生徒の身辺調査を開始する。被害生徒には「事態が収束するまで、学校で強要相手に会っても無視するように」と伝えることもあるし、「無視できないなら、事態が収まるまで学校に行かなくてもいい」と言うこともある。親御さんもこれについては必ず同意してくれる。

援助交際の現場を押さえた翌日から、加害生徒に調査員をつけ尾行を開始した。1週間くらいかけて身辺調査を行った結果、この加害生徒は彼女以外の生徒にも援交を強要しているのがわかった。加害生徒の身辺調査を終えると、今度はタイミングを見計らって加害生徒に直接コンタクトを取る。

この事例では、最初の直接対話を行う場所が、つい1週間前に援交の現場を押さえたあのホテル街になった。なんと、この加害生徒は自分がセッティングした援交の現場が押さえられた同じホテル街で、その後も何事もなかったかのように援交ビジネスに勤《いそ》しんでいた。

私は、ホテル街の電柱に隠れるように佇《たたず》んでいる加害生徒に近づき、声をかけた。

「○○さんですよね」

「…………（短い沈黙）」

「いろいろな子に援交を強要していますよね」

するど相手は険しい表情で否定した。

「頭がおかしいんじゃないですか。私がそんなことするはずないじゃないですか」

だが強気な言葉とは裏腹に、彼女は私の顔を見て明らかに動揺している。私があの日、援交を止めた男だと気づいたようだ。

私はすかさず自分のケータイ画面を相手にかざし、そこに映し出されている例の裸の写真を相手に見せる。その上で「調べはついているんだから、○○さんのその写真返してくれる？」と言う。するど相手はぶっきらぼうに、こう答える。

「いいよ、別に」

これも、いつものパターンだ。

悪びれた様子はまったくない。相手が年上でも素性がわからなくてもこの子たちは常にタメ口だ。

私は相手が「いいよ、別に」と言い終わるとほぼ同時にこう言う。

「今すぐな」

そして実際に、その日のうちに加害生徒とともに加害生徒本人の自宅を訪れ、写真を没収する。相手の自宅を訪れた時には加害生徒の親御さんが自宅にいた。しかし、娘が連れてきた男に関心を払う様子はない。たまに加害生徒の親御さんに「誰なの？」と聞かれることもあるが「○○さんに、預けていたものを返してもらいにきたんです」と言うと、すんなりと家に上げてくれる。これもいつものパターンだ。

加害生徒と一緒にその子の自室に行き、その場でパソコンやケータイに残っている被害生徒の画像データを消去するよう指示すると相手は素直に従う。さらに、二度と援助交際の強要をしない旨一筆書くように要求すると、やはり言われるがままだ。この時には「○○さんに援助交際を強要していたが二度と強要しません」と書きなさいと文面についても具体的な指示を出す。相手はその通りの文章を書き、探偵はその一部始終を動画で記録する。

この瞬間、援助交際の強要を証明する資料がそろう。だがこれで一件落着ではない。損害賠償交渉、被害生徒の今後など、当事者たちにとってはまだまだ頭の痛い問題が残されている。

加害生徒、被害生徒の親御さんとも「学校には内緒で」

被害生徒と加害生徒。探偵の仕事は、依頼者にその事実関係が完全に証明できる調査資料を提出した段階で終わる。資料の中には加害生徒が「自分が○○さんに援交をさせていましたが、もうこれからはやりません」と述べている様子を映した動画も含まれる。

資料を受け取るのは、ほとんどの場合、被害生徒のお母さんだ。お父さんが受け取るケースは稀だ。お父さんが受け取る場合にはお母さんが同席している。お父さんが何も知らないまま事態が進行するのも珍しくない。

被害生徒の親御さんとしては、自分の娘はもう援交をしなくていいと聞かされても気持ちが治まるはずもない。これまで援交を強要されていた相手やその親に殺意を抱き、少なくとも謝罪をさせたい気持ちが湧き上がる。

そこで親同士の話し合いが持たれる。親同士の話し合いはほとんどの場合、被害生徒の自宅で行われる。被害生徒の親御さんが加害生徒の親御さんに、一度お会いしてお話ししたい旨の手紙を書き日時がセッティングされるのが通例だ。

探偵は基本的に親同士の話し合いにはノータッチだ。どのような結論を導き出すか、それは、当事者同士で決めることだ。ところがほとんどのケースで、依頼者の親御さんから話し合いに同席して欲しいと頼まれる。仕方なく調査資料の説明をする名目で同席する。

ちなみに親同士の話し合いは、事実上お母さん同士の話し合いになることが多い。どちらかの、または両方の父親が同席するケースもあるが、そういう場合もお母さんは必ず出席する。父親同士で話を付けることはまずない。

探偵の資料を見て、加害生徒の親御さんは被害生徒の親御さんに平謝りする。中には「こんなことが起きていたなんて信じられない」と言う加害生徒の親御さんもいるが、資料があるため否定はできない。

加害生徒のお父さんが一流企業に勤務しているケースも少なくない。加害生徒の親御さんとしては、なるべく事を公にせず穏便に済ませたいとの思惑が働く。一方、被害生徒の親御さんも自分の娘が援助交際をしていた事実を世間に知られたくない。

結果として、援助交際強要事案においては、ほとんどの場合、双方の親御さんが、学校に知らせないで自分たちだけで処理することで意見は一致する。学校に知られれば、加害生徒は当然退学になる。被害生徒も何らかの指導を受けるだろう。だから、警察沙汰になってしまうケースを除き、ほとんどの場合は学校が知らないうちに事が終了する。

加害生徒の親御さんが謝罪した段階で探偵はフェードアウトする。隣の部屋で会話を聞いていると、損害賠償について口火を切るのはほとんどの場合加害生徒の親御さんだ。「お詫びさせてください」「治療費とか何かあればお支払いします」などと言い出す。しかし、何を根拠に損害賠償額を算定すればよいのか見当がつかない。

そこで、また親御さんたちが私に意見を求めてくることが多い。そういう時は「過去に援助交際の強要が表沙汰になって、裁判にまでいったケースなどを目安にすればよいのではないですか」と言うようにしている。結果的に、過去の判例をもとに、300万～700万円の損害賠償額で決着することが多い。

この場で金額を値切る加害生徒の親御さんはまずいない。娘を犯罪者にしたくない。一日も早く事態を収拾し、こんなことは早く忘れたいという意識が勝る。

援交強要された生徒の3割が転校

親同士の話し合いは損害賠償額が合意された時点で終結する。

しかし、子供はそうはいかない。今回取り上げた事例の舞台は都市部の女子校なのだが、援交させていた側もさせられていた側も、周囲の生徒にそのことがバレてしまい学校にいづらくなった。

結局、被害生徒は転校せざるを得なくなった。援交強要の被害生徒は3人に1人の割合で転校してしまう。中には夜学つまり定時制高校に転校する子もいる。

転校しない被害生徒たちはもとの学校生活に戻っていく。被害生徒に対する周囲の生徒の目がそれほど厳しくなく、同じ学校にとどまることが可能な場合は、そのまま同じ学校に通い続ける。

ただ同じ学校に通い続ける場合も、つきあうグループは確実に変わる。それまでつきあっていたグループから離れ、別のグループとつきあう。そのまま援交の事実が他の生徒にバレなければ、やがて普通の高校生に戻っていく。

ちなみに、援助交際の強要事例が発生する比率は、男女共学の高校よりも女子校のほうが高い。共学3に対し女子校7といったところか。なぜなのか？　校内に男子生徒がいないで、女子生徒ばかりだと援交に走りやすいのか。私にはよくわからない。

ニートが女子高生を買う

近頃、女子高生を買っている人はどんな人たちなのか？　私は、仕事柄これまでに50回以上、援助交際が今まさに行われようとしている現場を押さえたことがある。そのためよくこの質問を受ける。この際だから答えておこう。

結論から言うと、女子高生を買う客の男性たちに共通点は見当たらない。20代の男もいれば60代の男もいる。自衛官や公務員、学校の先生が買っていることもある。一流企業の社員がいるかと思えば、ニート、フリーターもいる。

以前こんなことがあった。ラブホテルのドアの前で援交の現場を押さえて、客の男に名刺を出せと言ったら、そいつは「名刺は持っていません」と言う。その男は、肌の感じは20代に見えるが、なぜか頭は禿《は》げていた。サラリーマンふうにも見えない。

「名刺がないなら、免許証は持っていないのか」と聞くと「免許証もない」と言う。

「お前、仕事何やってるんだ」と問い詰めると、その男は蚊の鳴くような声でこうつぶやいた。

「ニートです」

そいつの財布からは、現金、病院の診察券とＴＳＵＴＡＹＡのカードしか出てこない。

「ニート」だって援助交際で女子高生を買っている。今の日本では誰が女子高生を買っていても不思議ではない。

厄介なバックがついていれば警察沙汰になることも

今回紹介した援交強要事例では、女子高生がネットの掲示板で援交の客を見つけ、自分も援交をやりつつ仲間を増やして、援交ネットワークを築いていた。だが全体から見れば少数派なのだが、中にはヤクザあるいは半グレ、ギャング集団が女子高生の背後にいて援交を仕切っている場合がある。このようなケースで援交の現場を押さえると、守り役のヤクザ、ギャング集団が乱入してくる。こういうことが全体の2割くらいの確率で起こる。

乱入してきた相手が明らかにヤクザふうである場合は、こちらから「どこの人ですか？」と尋ねる。すると向こうが「お前こそ何やってるんだ」と言うので、こちらは「この子の親御さんに頼まれてこの子の保護をしているんだけど、お前は誰だ」と返す。するとその時点で相手が現場から消えていく場合もある。

要するに、1人の援交生徒が見つかっても、それで彼らの商売が全滅するわけじゃない。相手が警察でないのなら事件にはならない、ならば、その1人の生徒に関わるのはやめて、他で稼げばよいという判断なのだろう。明らかにヤクザふうの男に限って、事を荒立てることなくその場から消えていくことが多い。

ただ相手がヤクザの下部組織ではなく、半グレ集団、ギャングの場合にはそうはいかない。その連中がその場で凄んで暴力を振るってくる場合も多々ある。こうなると必然的に現場で格闘になる。こちらとしては正当防衛だ。このケースでは、明らかな傷害罪が成立するので警察に通報する。探偵が警察に通報しなくても、客の男が動転して通報するケースもある。通りすがりの人が、喧嘩が起きているのを見て通報することもある。どちらにしても、こういう時は警察沙汰になってしまう。

警察が本格的に動くと、傷害事件だけでなく援助交際の事実も調査される。警察からは「探偵は下がれ」と言われるので、基本的にはその後の捜査は警察に委ねる。こういった明らかに事件性があるケースでは警察も本気で捜査する。だから援助交際強要の事実も明るみに出る。

もちろん探偵には依頼者に対する責任がある。だから、警察の捜査により全貌が明かされ、援交を強要されていた生徒がその状態から抜け出すのを確かめるまで、その事案を見守り続ける。具体的には、依頼者の親御さん、所轄の警察と連絡を取りながら、事態がどのように収束したかを確かめる。

第4章 低年齢化する集団レイプ、猥褻行為の強要

「死に方がわからない」と電話してきた女子中学生

悪質ないじめの中でも、被害生徒が最も深刻な痛手を被るのが性犯罪事案だろう。具体的には、レイプ、集団レイプ、猥褻行為の強要、これらの事例は大人なら立派な刑法犯であり、いじめという言葉でくくれる余地がない。にもかかわらず、今日ではこういった性犯罪事案が中学・高校生の間で頻発していて、すでに珍しい事件とは言えない。

私の事務所では、年に4、5件はこれら性犯罪事案の調査を受件する。都市部だけでなく地方でも受件することがある。レイプはわかりやすいが、中学・高校生が行う集団レイプとはどのようなものか。

典型的な事例はこうだ。女子生徒が、同じ学校に通う気の弱そうな女子生徒を集団レイプが行われる場所に呼び出す。その場所は友人宅であったり学校内であったりする。

呼び出された女子生徒が何も知らずにその場に行くと、同級生や上級生の男子生徒と女子生徒複数が待ち構えている。誘い出された女子生徒は予期しなかった集団レイプの被害者になる。レイプの間、手引きをした女子生徒は一部始終を現場で眺めている。また、このような事例では、まずすべてのケースで加害生徒がその行為をケータイの動画などで撮影している。

近年は、こういった性犯罪事案の低年齢化が著しい。レイプが発生する比率を学年別に見ると、中学3に対し高校7だ。しかし、すでにレイプ事案は小学生の間でも発生している。これまでに私の事務所では、小学生によるレイプ事案を複数扱った。しかも小学生といっても高学年ばかりではない。中学年でも、すでに男子児童が女子児童を学校内でレイプし、その様子をケータイで撮影した事例がある。

このような極めて悪質ないじめ、実際には性犯罪の被害に遭った生徒の心身のダメージは計り知れない。この手の事案に関する調査依頼をしてくるのは、その8割が娘の異変に気づいた親御さん、特にお母さんだ。ところが、調査を依頼する段階では、親御さんも自分の娘がレイプ被害に遭っているなどとは夢にも思っていない。

「娘が自殺未遂をしたのだが、何が起こったのか、わからない」「娘が失語症になった」など、娘さんの異常行動を目の当たりにし、半ばパニック状態で電話をしてくるケースが多い。もちろんこういったケースでは、親御さんが娘さん本人に何があったのか尋ねても答えようとはしない。

性犯罪事案に関する相談者の残りの2割は、被害に遭った生徒本人だ。親にも先生にも言えず、探偵に相談してくる。ただ、探偵事務所に電話してきて「私、レイプされました」と言う子はまずいない。だがこのような被害に遭った相談者が電話してくると、その話しぶりでだいたい見当がつく。だから私は、性犯罪事案が疑われる場合は、電話してきたのが生徒であっても、なるべく早い段階で直接本人に会って状況を確かめる。

「死に方がわからない」

一昨年の8月、事務所にこんな電話がかかってきた。声の主は首都圏の公立中学に通う中学2年生の女の子だ。彼女はインターネット上で公開している私の事務所のいじめ相談の番号を見て電話してきた。彼女は、後に我々の調査によりレイプ被害者だと判明する。この事例をもとに性犯罪事案と探偵の調査について説明したい。

電話口で「死に方がわからない」と言うこの女子中学生に対し、私は「死ぬのは、たいていは痛いよ。楽な死に方はないよ」と答えた。相手が本当に自殺する可能性がある場合は、その子を死のイメージから遠ざけるのが先決だ。だから、私は、そう言った。その上で「なんで、そんなに死にたいの？」と尋ねた。すると相手は「いろいろあって……」と言って口ごもる。

こういうやりとりを数十分はしただろうか。相手は同じ話を繰り返すばかりだ。私は

「今、きみはどこにいるの？」と尋ねてみた。すると相手は事務所のすぐ近くのファミレスにいるという。

「じゃあ、そこに行くから」と私。

電話での口調から、彼女が極めて危険で不安定な状態だと判断した私は、その日のうちに彼女に会うことにした。依頼者もいなければ調査依頼も受けていない状態だったが、相談は無料と謳っているからには、どう考えても深刻な事態に置かれているこの女子生徒を看過できない。

学校に行かなくてもいいよと安心させ、話を聞き出す

私はすぐにスーツの上着をはおり事務所を飛び出した。彼女がいるファミレスには数分で到着した。彼女は私の姿を見て驚いた。

「まさか、ほんものの探偵さんが来るとは思わなかった」

その子の第一印象は、どこにでもいる普通の中学生というものだった。外見は派手ではない。どちらかというと今時の子にしては地味なほうだ。顔にはまだあどけなさが残っている。だが表情は暗く姿勢はうつむき加減だ。

実際に会って会話しても彼女の話は要領を得ない。ファミレスで向かい合って、お互いの顔を見ながら電話でのやりとりの続きが始まる。

「なんで、死にたいの？」

「いろいろあって……」

こんなやりとりをしながらも、私は彼女の様子を観察する。指に嚙《か》んだ痕があったり、手首をひっかいた痕が残っていたり、誰かと揉み合った時にできたと疑われる擦り傷もあった。これはレイプだと私は確信した。しかし、話は堂々めぐりだ。

「なんで、死にたいの？」

「いろいろあって……」

こういう時に私は「学校は楽しい？」とか「部活は何やっているのか」などと、たわいもない世間話はしない。彼女が本当のことを言うまで根気よく同じ質問を繰り返す。本当のことを話してくれれば、いろいろ手立てを講ずることができる。加害者を告発することもできるし損害賠償を勝ち取ることもできる。しかし、彼女が事実を伝えてくれなければ話は前に進まない。私は早く彼女が真実を話してくれるよう心の中で念じた。

1時間くらい、同じようなやりとりを繰り返した後で私はまた同じ質問をする。

「なんで、死にたいの？」

彼女はうつむいたまま、同じ答えを繰り返す。

「いろいろあって……」

そこで私は、口調は穏やかだが端的な言葉を使ってこう言い返した。

「いろいろとかいっても、わからないよ。レイプされたんだろう？」

彼女は目を大きく見開いて「えっ！」と驚いた。

それに対しこちらは同じ淡々とした口調でこう伝えた。

「きみがちゃんと話してくれれば、いろいろな手が打てる。相手を懲《こ》らしめることだってできる。でも、きみが本当のことを言ってくれないと、ぼくは、何の力にもなれないんだよ」。さらに「今は学校に行きたくないのなら、行かなくてもいいよ」と続けた。

するとと彼女は「うん」と頷き、レイプされた事実を初めて認めた。特に泣き出すわけでもなく表情は暗いままだ。

レイプ事案では「死にたい」と言っている被害生徒が、レイプの事実を親にも学校にも告げないため調査がなかなか進まない。無理もない、本人にとっては思い出したくない、語るのもおぞましい記憶だろう。しかし本当のことを告げてくれなければ何もできない。

いじめ調査を続ける限り、時として辛い事実を聞き出すのが探偵の重要な役目になる。

しかし、探偵が聞き出すよりも実の親御さんが聞き出すほうがよいに決まっている。このケースでは、被害生徒本人から直接相談があったので探偵が真実を聞き出した。だが親御さんから「娘が死にたいと言っている」「娘の様子が変だ」と相談を受けた場合、私は「まずは、何があったのか聞き出してください」と言う。その際「何があっても親は子供の味方であることを伝え、嫌なら学校に行かなくてもいいと告げ、娘さんが安心して話せる雰囲気を作るようにしてください」とお願いする。

親御さんの努力により4人に1人くらいの確率で被害生徒は親御さんにレイプの事実を告白する。親御さんがいくら頑張っても本人が語ろうとしない場合に限って探偵が出ていくのが通例だ。

中・高生の集団レイプは男女混合

この中学2年生の女子生徒が経験したレイプ事案はこういうものだ。ある日、同級生の女の子が3年生の先輩の家に遊びに行こうと誘ってきた。彼女はついていった。先輩の家には、その先輩以外に同じ中学に通う中3の男子生徒1人と、同級生の男子生徒3人、同級生の女子生徒が２人いた。部屋には彼女以外に中学生が都合８人いたことになる。その日、先輩の家族は不在で家には彼女たち以外いなかった。

最初は、友だち同士、お菓子を食べたり、飲み物を飲んだりしながらおしゃべりを楽しんでいた。ところが、途中から遊びの延長線上のような雰囲気で男子生徒が被害生徒の手を押さえてきたり、体を触ってきた。始まりはふざけているような感じだが、それがだんだんエスカレートしていく。被害生徒は、無理やり、男子生徒に服を脱がされ、全裸にされた上で中学３年生の先輩男子に強姦された。先輩に強姦された後でその場にいる男子全員に次々と強姦された。いわゆる、まわし＝輪姦されたことになる。その場にいた女子生徒はというと、被害生徒以外は誰も強姦されることはなく、ただ被害生徒が強姦されるのを横で眺めていた。また、そこにいた被害生徒以外の全員が、集団レイプの一部始終をケータイのカメラで動画撮影した。

女子生徒がターゲットとなる女子生徒をおびき出し、男子生徒に輪姦させる。これが今日では典型的な中・高生の集団レイプ事例の特徴だ。レイプ調査を受件するとこういう事例が実に多い。

では、こういう事例でターゲットになる女子生徒に何か特徴があるかというと特には見当たらない。過去の調査の経験からこんな生徒が狙われやすいと言えればよいが、難しい。むしろ、いつ誰がターゲットになってもおかしくない。しかも後で聞いてみると、やった側も「やっちゃおうぜ」という極めて軽い感覚でレイプしている。

これは別の事例だが、ある下町の公立中学では、放課後、学校にある多目的ホールで、男女10人ほどの同級生の目の前で、同級生の男子生徒と女子生徒が、無理やりセックスさせられた猥褻行為強要事例もある。集団で2人を無理やり全裸にして「やれ」と命じ、セックスさせた。この事例などは同級生をオモチャにして楽しんでいるとしか思えない。この時も「やっちゃおうぜ」という軽いノリで始まっている。こういう時に被害に遭う男子生徒は、漫才のボケと突っ込みなら、ボケのタイプで、友だちから何かを要求されたら断れない性格の子が多い。女子はおとなしい子が狙われる。

話をファミレスで告白した中学2年生の事例に戻そう。被害生徒から事件の全貌を聞いた後で、私は当然のことながら親御さんに事実を知らせた。そして、いじめ調査を正式に受件した。被害生徒は「学校に行きたくない」と言っていたので、親御さんとも相談して、しばらくの間、自宅にいてもらうことにした。

その間、探偵は加害生徒の調査を行う。事は強姦罪で立派な犯罪だ。この時点で、親御さんが刑事告訴すれば、加害生徒は全員少年院か鑑別所送りになる。しかし、刑事告訴するかどうか判断するのは親御さんであり被害生徒本人だ。探偵は、彼らが最終的にどう判断するかは別として、依頼者である親御さんと被害生徒のために十分な証拠を集めるための調査を行う。

学校が生徒名簿を公開しない中で、加害生徒を特定

調査はまず加害生徒全員の名前と住所を調べるところから始まる。ところがここで難問にぶつかる。かつてであれば、同じ学校に通う生徒の住所・連絡先は、生徒一人ひとりに配布される生徒名簿から簡単に割り出すことができた。ところが今日では、個人情報保護の観点から、生徒の住所等は同じ学校に通う生徒にも公開されない。

そこで探偵は、被害生徒の断片的な加害生徒についての記憶を手がかりに行動を開始する。加害生徒のうち何人かの住所は被害生徒が知っていたので、早速、探偵がその家庭の暮らし向き、親の勤務先などを調査した。

どうしても連絡先がわからない生徒に関しては、尾行調査を行う。探偵は加害生徒の帰宅時間に校門周辺で張り込む。被害生徒が持っているその人物の写真や名前、学校でのク

ラスなどの情報を頼りに、下校する当該生徒を発見したらそのまま家まで尾行する。そのようにして加害生徒の暮らしぶりや家庭環境を洗い出す。

我々が調査を行う間中、被害生徒のケータイには加害生徒から頻繁にメールが入る。メールの文面は、だいたいこういうものだ。

「どうして学校に来ないの」「謝りたい」「会いたいので時間を作って欲しい」

被害生徒が突然学校を休むようになると、加害生徒側も、当然何かが起こっていると感じ警戒心を持つ。しかし被害生徒には、これらのメールは一切無視してもよいと伝える。彼ら加害生徒が行ったことはメールで謝れば済むことではないし、そんなふうに考えているなら世の中を甘く見るにもほどがある。

調査開始から1週間もすれば、すべての加害生徒の素性が明らかになる。次は、探偵が加害生徒に直接会って証拠を収集しなければならない。

レイプした側は必ず動画を撮っている

加害生徒すべての素性が明らかになったら、探偵は加害生徒の自宅を一軒一軒訪ねる。加害生徒がいる時間に堂々と玄関から訪問する。相手の親が「息子に何の用ですか」と聞いてきたら、被害生徒の名前を出して「〇〇さんの件でお子さんにお話があって来ました」と告げる。こう言うとだいたいは家に上げてくれる。

私はここで自分の身分は名乗らないので、中には「子供には会わせない」と言い出す親もいる。が、そういう時には、「じゃあ、法廷で会いましょう」ということになる。するとその親は、どうして子供に会いたいのかしつこく聞いてくる。こういう時に私は丁寧に用件を伝える。

「お宅のお子さんが〇〇さんを集団でレイプして、事実も証拠もそろっているので、その件で本人とお話しするために来たのですよ。お子さんがレイプした時のビデオを持っていらっしゃるので、削除をお願いに来たんですよ」

ここまで言って、それでも家に上げない親はまずいない。玄関口で親と押し問答になることはあっても、門前払いになることはまずない。ほとんどの親が加害生徒本人と直接会わせてくれる。

加害生徒と直接対峙《たいじ》すると、探偵ははっきりと「〇〇さんをレイプした時の動画を返してくれ」と告げる。その上で、加害生徒が持っているレイプ時の動画データを全部削除しろと要請する。動画を没収する際には、加害生徒に「これは自分が撮った動画です」と一筆書くよう求める。ほとんどの加害生徒はこちらの指示に従順に従う。

最初は、知らない大人が突然訪ねてきて面食らっているが、自分の行ったことがバレたとすぐに理解する。警察沙汰になれば少年院か鑑別所行きという判断も働くのだろう。だから、彼らは基本的にはこちらの指示に従う。

だが、男子生徒の中には、「お前らに関係ねーだろー」と言って凄んだり、暴れ出すヤツもいるにはいる。そういう時には「お前は強姦犯人なんだぞ。これが表に出たら本当に困るのはお前なんだぞ。これ以上、おれを怒らせるな」と一喝《いっかつ》する。

すると、どんな生徒でもこちらの言う通りにする。加害生徒の親は、ほとんどの場合このやりとりを聞いている。

男子生徒同様に女子の加害生徒宅も訪問する。女子の場合は強姦はしていないが、強姦の手引きや幇助《ほうじょ》をしている。その上、レイプ現場を動画で撮影しているのだから加害者に他ならない。

相手が女子であっても、こちらが言うことは男子の時と変わらない。ところが女子の反応は男子のそれと大きく異なる。

まずこちらの指示に抵抗する者はいない。「動画をこちらに渡して、ケータイやパソコンに残っているデータは消去してくれ。『この動画を撮りました』と一筆書いてくれ」と要請すると、その通りにするのだが、態度は非常に淡々としている。

「ああ、はい」「これでいいんですか？」という口調で、まるで宅配便の受け取り時にサインしているかのごとく、無表情、無感動だ。自分が手引きして同級生の女子を男子にレイプさせたという事実が第三者に知られたというのに、動揺の色をまったく見せない。

男子生徒は、知らない男が自分の行ったレイプの件で訪ねてきただけで慌てる。男子の反応は非常にわかりやすい。だが女子生徒はまるで他人《ひと》事《ごと》のように応対する。その淡々とした様子が逆に怖いと感じることがある。

すべての加害生徒宅訪問を終え資料がそろうと調査活動は終了する。他の案件と同様、資料は報告書のかたちにして依頼者である親御さんに提出する。その資料には娘さんがレイプされている動画データも含まれる。

「まあ、ご覧になりたくはないでしょうけど」と一言断って報告書を渡す。

この後どうするか。刑事告訴するか学校の監督責任を追及するか。それは親御さんが判断する。いざとなったら刑事裁判に臨むことを想定して動画を大切に保存する親御さんもいる。

中・高生のレイプ、告訴する割合は1割

調査報告書を提出した後で親御さんが加害生徒やその保護者に対しどんな対応をするか。それは親御さんと被害生徒本人が判断することであり、探偵は基本的には関知しない。どうすればいいかわからないと相談を受ければ、こちらとしては警察に話を持っていく。これは立派な強姦事件なのだから。しかし娘の将来を案じ警察沙汰にしたくないという親御さんがやはり多い。

実際に私が扱った未成年のレイプ事案で、親御さんが告訴に踏み切った割合は全体の1割だ。

強姦罪は親告罪なので訴え出なければ警察は動かない。結論としては、強姦罪にまで発展するケースは少なく、加害生徒の保護者が被害生徒に損害賠償を行うかたちで決着する。

ここから先の話は本当に探偵はノータッチなので、後に加害生徒側が被害生徒側に支払った具体的な賠償額については、あまり耳に入ってこない。このケースも損害賠償で決着したが賠償金の額は聞いていない。一度だけ、集団レイプの案件で、加害者1人当たり1600万円の賠償を受け取った話を依頼者から聞いた。これがスタンダードな額かは不明だ。

被害生徒の親御さんから聞いた話によると、先に損害賠償を話題にするのは加害生徒の保護者だ。被害生徒側が損害賠償請求訴訟を起こさなくても加害生徒側から、平たく言えば「お金を払うから今回のことはなかったことにして欲しい」との働きかけがあるようだ。

加害生徒の親にしてみれば、自分の子供が強姦犯人として捕まる恐怖におびえているわけだからこれは当然だろう。証拠は明らかなので、そうなったら高校生なら退学して少年院送りになる。中学生でも実行犯は確実に少年院か少年鑑別所送りになる。加害生徒の親としてはそれだけは避けたい。だから「なんとか示談でお願いできないか」となる。

ちなみに、少年院では、性犯罪者がいじめに遭うと言われている。性犯罪者に比べれば、粗暴犯のほうが塀の向こうでは位が高いようだ。少年院のそういった事情を知っているのか、加害生徒の親は終始低姿勢で被害生徒の親御さんと接する。

肝心の学校側の対応はどうか。実は、集団レイプ、レイプ事案では、発生件数全体の8割が学校の知らないところで起こり、学校が知らないままに事は収束する。被害生徒の親御さんが学校に通報するケースは稀だ。中には、学校の責任を追及する親御さんもいるがこのパターンについては後述したい。

レイプ被害者の半数は転校、あとはほとんどが不登校

被害生徒側が告訴しなければ犯罪者は生まれない。賠償はお金で済む問題かもしれないが、被害生徒が受けた心の傷は癒えない。これまで調査受件したレイプ事案に関して言えば、私は、ほとんどの被害生徒と事件収束後も連絡を取り続けている。彼女たちの行く末が気になる。

レイプ被害に遭って男性不信に陥り、お父さんと私以外の男性と口がきけなくなった女の子もいる。中には、私以外の男性と口がきけなくなった子までいる。

被害者の心の傷が癒えるまでには、長期のケアやカウンセリングが必要になる。レイプ事案の場合、被害生徒の半数が同じ学校に通い続けられなくなり転校する。では残りの半分は同じ学校に通い続けるかといえば、そうではない。転校しない子のほとんどが不登校になる。中には同じ学校に復帰する生徒もいるが、全体から見ればほんの一握りだ。不登校になってカウンセリングや精神科に通う子もいる。普通の学校に戻れなくてフリースクールに通う子もいる。

こんな時学校はどんな対応をするのか。探偵が学校のあずかり知らないところで調査を行い、親同士の示談で話がまとまれば学校は一切関わらない。レイプ事案の場合、当該生

徒が通う学校の8割がノータッチのまま収束するとすでに述べた。

しかし、この8割の学校が本当にレイプ事件を知らないかというとそうでもないようだ。こんなことが起きていれば子供たちや保護者の間で話題になるから、かなりの確率で学校の先生は事態を把握しているはずだ。

その証拠に被害生徒の保護者が「うちの子を転校させたい」と言うと、ほとんどのケースで先生は理由も聞かず「はいはい、そのほうがいいですね」と言って転校の手続きをしてくれる。本来転校にはそれなりの理由が必要なので、理由を聞かない時点で怪しい。

学校の先生としては、自分の学校で集団レイプが起きたと聞かされてもどうしていいか見当もつかないからあえて口出ししない、が実態だろう。もう、これは狂っているとしか言いようがない。

レイプと集団レイプ事案の8割は学校の先生が関与せず話が決着するが、残りの2割はどうなのだろう。この2割は、先生たちが自分の学校の生徒間でレイプ事件があったのを知っていると、あからさまに認めざるを得ないケースだ。

つまりはこういう話だ。被害生徒はレイプ事件が起こる以前からいじめられていたし、それを親も知っていた。被害生徒の親御さんはいじめをやめさせて欲しいと学校側に要請したが何ら進展がない。そして、ついにレイプ事件が起きる。

これでは被害生徒の親御さんは、学校の責任を追及しなければ気が済まない。親御さんはいじめがレイプにまで発展した事実を学校に突きつける。

こういったケースでは、当然、親御さんは探偵の調査資料を持って学校を訪れる。だが、学校に出向くのはお母さんでお父さんが行くケースはやはり非常に少ない。こうなると、探偵が、依頼者から、資料の説明をして欲しいので学校に付き添ってくれと要請されることがある。要請されれば私も学校に赴く。

被害生徒の親御さんが学校を訪れると先生たちは完全にパニックに陥る。担任に相談しても担任では対処できないから教務主任へ、教務主任から教頭へ、教頭から校長への、いつものたらい回しが起こる。教育委員会や、元校長経験者の偉い先生まで出てくるケースもある。

だが、いつまでたっても学校の先生は何もしない。口では「できるだけのことはします」と言うが、そのできることが何なのかさっぱり説明してくれない。だから結果として、学校は何もせず親同士で話し合いという流れになってしまう。

被害生徒の親御さんが学校側に、警察に訴えたいと言うと学校の先生は「そうなるとあなたの娘さんは強姦された子だというレッテルを貼られてしまいます。だから、親御さん同士で話し合ってください」と言ってくる。そんな先生の態度に業を煮やした、全体から見れば1割の親御さんが、告訴に踏み切る。

しかし、加害生徒が少年院送りになっても、被害生徒の心の傷は癒えない。

私は、特にショックが大きいと思われるレイプ被害生徒に対しては、日記を送ってくれと言う。「なんでもいいから、日々の出来事をメールで教えて欲しい」と伝える。事件から何年たっても彼女たちの個人的な相談には乗るし、メールには必ず返事を出す。

レイプ被害生徒は一定期間学校に行かない場合が多いため、復帰しても「学校の勉強についていけない」という相談をよく受ける。被害生徒が就職したとか、被害生徒にボーイフレンドができたと聞くとホッとする。

人からは、調査はすでに終わっているのになぜ被害生徒に関わるのかと聞かれる。自分でもその理由を考えた。私は、単純に彼女たちに死なれるのがイヤなのだ。どういう縁かわからないが自分が知り合った人に、死なれるのは単純にイヤだ。ただ、それだけだ。

第5章 教育現場の機能不全で、いじめの質も変化している

いじめを注意した先生が担任を外される

再三述べているように、いじめ調査をしていると「自分は学校の先生の代わりにこの仕事をしているのではないか」と感じる。それほど今日の教育現場はいじめへの対処能力を失っている。今、学校は一体どうなっているのか？　ここからは、いじめ調査を通じて見聞きした学校の有様、先生や生徒たちの様子、その教育現場としての機能不全ぶりを紹介する。

ある地方の中学校での出来事だ。その学校に通う男子生徒の父親からいじめ調査の依頼が来た。

「うちの息子が、学校で、殴る、蹴る、持ち物を壊されるなどのいじめに遭っているので、調査して欲しい」

私は、いつものように、「必要なら調査はしますが、まずは学校の先生に相談されてはどうですか？」とアドバイスした。すでに述べたように、学校の先生に相談していじめがなくなる事例も多々あるし、それで済むならそれに越したことはない。親御さんが不必要に探偵を雇いお金を使う必要もない。

お父さんから私の助言を聞いた被害生徒は、勇気を持って担任の先生にいじめの相談をした。担任の先生は50代の男性教師だった。この先生は被害生徒に対し「なんとかしましょう」と言ってくれた。

そして、口先だけの先生が多い中、その先生は実際にいじめている生徒数名を呼び出し口頭で「いじめるのは卑怯《ひきょう》だぞ、もうやめなさい」と注意してくれた。まさに学校の先生として当たり前のことをしてくれた。この時は、親御さんも被害生徒も、ああ、担任の先生がいい先生で良かったと感じた。

ところが結局は、この事案も探偵が登場するはめになる。

いじめっ子を注意した担任の先生が、ある日突然解任されてしまった。被害生徒の親御さんはそのことを知り落胆した。「その先生は一生懸命やってくれたんだけど、担任から外された、今は学校に来ていない」と私に連絡してきた。

ほどなく新しい担任の先生が着任したが、その新担任はいじめている生徒に対し指導はしなかった。一体、何が起こったのか？　親御さんが元の担任の先生と個人的に連絡を取り続けていたため、その間の事情がわかった。被害生徒の親御さんの話によると、なんといじめている生徒を指導した先生はそのことがきっかけで、担任を外され学校から姿を消しどこかの施設で研修を受けている、という。

その学校に関係するいろいろな人に聞いた話を総合すると、こういうことのようだ。

担任の先生がいじめている生徒を注意したら、注意された生徒の親が教育委員会に「うちの子が犯人扱いされた」と言って怒鳴り込んだ。すると学校の現場を知らない教育委員会は、いじめ生徒に指導を行った担任の先生を呼び出し厳重注意した。で、その先生は研修所送りになってしまった。

それを知り被害生徒の親御さんはカンカンに怒った。まともな先生が罰を受け、いじめる生徒が保護される。こんな理不尽はない。当然の怒りだろう。

被害生徒の親御さんから、「こうなったらいじめの証拠を集める調査をどんどんやって欲しい」と要望を受けた私は調査を開始した。校外で起きるいじめに関しては調査員が尾行し、いじめの現場を録画、校内のいじめに関しては被害生徒が当事者録音を行い、いじめの動かぬ証拠をつかんだ。

私たちが提出した報告書を見て依頼者である被害生徒のお父さんは、こう言った。

「これを学校に持っていっても仕方ない。あの学校は、まともな先生を解任するようなところだ。私としては、この報告書を教育委員会に持ち込みたい」

なるほど、それは筋が通っている。

親御さんのこの声を受けて、今度は、教育委員会の全メンバーの身辺調査を探偵が行った。そして、教育委員会のメンバーの自宅や連絡先を親御さんに伝えた。

親御さんは、その地方の教育委員会の主要メンバーの自宅を、事前にアポイントメントを取った上で、直接訪問した。私も資料の説明をする名目で親御さんに同行した。この時の被害生徒のお父さんの委員に対する剣幕は凄かった。

「お前らは、学校でいじめが起きていても何もしない。しかも、いじめている生徒を指導した先生まで処分した。お前らがいじめを助長しているんだ」と述べ、その教育委員に向かって「お前ら馬鹿か」とまで言った。

その場で私は、その教育委員会のメンバーに対し、被害生徒が特定の生徒にいじめられている様子が一目でわかる資料を示した。私は、感情を露《あら》わにはせず淡々と自分の仕事を行う。探偵の仕事は調査であり依頼者と一緒に抗議することではない。

が、資料の説明を行う際、うっかりして名刺入れに入っていた知人の新聞記者の名刺を机の上に落としてしまった。これを教育委員会のメンバーは、マスコミに流れるとマズいんじゃないのか？　というメッセージとして受け取ったのかもしれない。いや、きっとそう受け取ったのだろう。なぜなら、その後彼らの態度は豹変《ひょうへん》したからだ。教育委員会の委員が「いじめられている子の保護に全力を尽くす」と言い出した。学校の様子もがらりと変わった。加害生徒と被害生徒を分離するために「クラス替え」の措置が講じられた。これで表面上は一件落着だ。

だが私には、紆余曲折《うよきょくせつ》はあったけどなんとかいじめがなくなってよかったとは、とても思えない。

この事例は氷山の一角にすぎない。いじめは表に出るものよりも表に出ないもののほうがはるかに多い。にもかかわらず被害生徒が勇気を持っていじめの事実を教師に訴え、訴えを受けた先生がいじめている生徒を指導したために罰を受ける。

実はマスコミであまり報道されないだけで、このようなことは日本中で起きているのだろう。

ということは、もし探偵の調査がなければ救済されない被害生徒が日本中にいることになる。私はそう確信した。

いじめが起きているのに警備強化の怪

東京の公立小学校ではこんな奇妙なことが起こった。

この学校では小学5年生の女子児童が同級生からいじめを受けていた。この被害児童は、靴を隠される、教科書・ランドセル・体操着を汚されるという物壊し型のいじめを継続的に受けていた。どの児童がいじめを行っているのかもわかっていた。

被害児童の友だちもそれを目撃していた。つまり被害児童本人の証言に加え、いじめとは無関係な第三者児童の証言もあったわけだ。その上で、被害児童と被害児童の友だちはいじめの事実を担任の先生に訴え解決してくれるよう求めた。

被害児童は「○○さんと、○○さんと、○○さんが私の持ち物を壊したりする」とはっきり言った。被害児童の友だちも、「○○さんと、○○さんと、○○さんが、△△さん（被害児童）の物を壊している」と明確に伝えた。さて、この学校の先生たちはこの児童たちの通報を受けてどうしたか？

なんと、この学校の校長先生は「最近、校内で児童の私物が壊されているとの報告がある。外部から誰かが侵入している可能性があるので、学校の警備を強化します」と教職員と保護者に宣言した。もうここまでくると、いろいろな現場を見てきた私も開いた口が塞がらない。

誰が何をしているのか複数の児童が先生に知らせているのに、いじめだという事実は明々白々なのに、学校はいじめ対策を講じることなく本当に警備強化を行った。

具体的には、先生たちが総出で学校のいろいろな場所を見張る。児童の靴がなくなった下駄箱の前に警備担当の先生たちが立って不審者を警戒する。学校で行事がある時は警察にまで警備を要請する。だから時々、校門の前に警官が立っている。保護者会にも学校警備への理解と協力を求めたので、保護者も警備に参加する。

この学校長のとんちんかんぶりには、さすがに事情を知っている一部の保護者たちが怒り出した。最も怒りを露わにしたのは、被害児童の親御さんと被害児童の友だちの親御さんたちだ。

当然だが学校がいくら警備強化運動をしても、被害児童に対するいじめはなくならない。そこで被害児童の親御さん、被害児童本人、被害児童の友だち数人とそれぞれの親御さんたちが集まり、いじめをなくすための会合を持った。

私も被害児童の親御さんから「相談したいから」と言われ会合に参加した。ある親御さんが自宅の居間を会合の場として提供してくれた。会合には児童と親御さん合わせて十数人が参加したが、その中にはふだんは子供のことで表に出てこないお父さんも数人いた。

席上、あるお父さんが「あんな学校に任せていてもいじめはなくならないので、探偵さんにちゃんと調査していただいて、動かぬ証拠を突きつけるしかない」と発言した。

私は「それは可能ですが、その前にまずこれまでどんなことが起きたのか、いじめの内容を時系列でまとめてみましょう」と提案した。そしてその場で、子供たちの協力を得てこれまで起きたことをまとめる作業を行った。

その作業の最中、被害児童の親御さんも被害児童の友だちの親御さんたちも、だんだん怒りが抑えられなくなった。改めていじめの事実を整理するうちに学校のいい加減さが明白になり、怒りのボルテージが上昇していく。ある人は「この学校は馬鹿なんじゃないか」と言った。「いじめの事実は明白なのに、こんな馬鹿みたいなことをやっている学校に子供はあずけられない」と言い出す人もいた。

結局、当事者録音など探偵的な調査をする前に、親御さんたちがこれまでの出来事をまとめた資料を持って直談判することになった。

直談判の相手はもう学校ではない。学校に言ってもムダだと感じた親御さんたち６、７人が、地域のＰＴＡや校長会に資料を持って乗り込んだ。その結果、何が起こったか。

私は資料作成の時点までしか協力していない。その後の成り行きは親御さんたちからの伝聞でしかわからない。が、事の顚末《てんまつ》はこんな具合だった。

地域の校長会に乗り込んだ親御さんたちはいじめの調査資料を突きつけて、出席者に向かって「お前ら馬鹿か」と言った。すると、学校の警備を強化した例の小学校長（この人は女性校長だったのだが）は「私は馬鹿じゃない。やれることはやっている」といって泣いたそうだ。それに対し親御さんは「的外れなんだよ、馬鹿」とやり返した。こんな極めて激しい会話が交わされた。

この親御さんたちの乗り込み事件を受け、PTAでも学校に対する激しい非難の声が上がった。実は、被害児童の友だちのお父さんは、地元自治会で主要な役割を果たすかなり威勢のいい人だった。

このお父さんが当該校長に対し「いじめが起きているのに警備強化するような、そんな学校には子供はあずけられない。お前、ちゃんとできないなら校長辞めろ」とまで言った。

その結果、学校側は、学校としていじめている子を指導すると約束し実際に指導が行われた。するといじめは簡単になくなった。

このケースで加害児童だった数人の女子小学生は、被害児童のランドセルを壊したり、体操着を汚したり、かなり悪質ないじめを行っていた。だが彼女たちは本質的に凶悪性が高い児童ではなかった。加害児童の親御さんも、担任からわが子がいじめを行っている事実を報告され素直に謝罪した。結局この案件は被害児童が当事者録音するまでもなく収束した。

はじめから学校の先生が先生としてごく当たり前の行動をとっていたら、警察を呼ぶ必要もなかったし、校長も校長会で親御さんから馬鹿呼ばわりされることはなかったはずだ。

それにしてもあの校長は何を考えていたのか？　明らかにいじめ事案だと知りつつ学校の警備強化を行った、その理由がわからない。面倒くさいから、いじめ問題に関わりたくない？　それでも、教育委員会の自分より上位にいる人たちには、自分は立派に働いていると思ってもらいたかった？　これがサラリーマン的感覚なのか。

いじめが原因で自分の学校の児童が苦しんでいる。いじめが被害児童の心の傷になるかもしれない。この校長は、それを知りつつも自分の体面を繕うほうを優先したのか。

いじめの相談に訪れたお母さんに校長がセクハラ

長年いじめ調査を行っていると時々とんでもない事案に遭遇する。

数年前、中学1年生の娘さんがいるお母さんから事務所に電話がかかってきた。その人の娘さんは東京山の手地区にある公立中学校に通っていた。お母さんによると娘さんはその学校で、友だちに上履きを隠されたり、シカトされたり、革靴を切られるいじめに遭っている。そのお母さんは、私の事務所がいじめ相談を受けると知り電話してきた。

お母さんは電話してきた段階で「証拠を集めて、学校をギャフンと言わせたい」という勢いだ。が、私はいつものように「まず、学校の先生に事実を告げて相談してください。その結果を見て、調査が必要かどうか考えましょう」と言って電話を切った。

1週間が経過し、またそのお母さんから電話がかかってきた。そのお母さんは開口一番こう言った。「気持ち悪い……」どういうことか？　その時のお母さんの話の内容はこうだ。

いじめの相談がしたいと学校に電話したら、担任ではなく校長先生が電話に出てきた。校長先生が「直接、会って話を聞いてくれる」というのでお母さんは、勇んで学校を訪ねた。ところが、その校長（男性）はお母さんを校長室へ招き入れ、2人きりになるといきなり説教を始めた。

「お宅は母子家庭で、父親がいないから、子供がなめられてそういうこと（いじめ）になるんだ」

確かにこの家は母子家庭だった。しかし、娘さんがいじめられるのと、母子家庭とは無関係だ。が、ここまでなら、なんという的外れで品のないヤツ、で済んだかもしれない。

こともあろうに、この校長は校長室でお母さんの手を握り「1人だと大変でしょう。時々、お宅に寄らせてもらえるかな」と言った。要するに、いじめ相談で訪れたお母さんに向かって、それとなく愛人になれと誘っているのだ。ちなみに校長は50代で既婚、お母さんは30代半ばで離婚歴があり女手一つで娘さんを育てている。

おい、おい。これではいじめ調査の前にセクハラ調査が必要になるぞ、と私は思った。前述の通り、もともと探偵業界でいうところの当事者録音は、セクハラ、パワハラなどの被害者が被害の証拠を残すために行う調査手法だ。

さすがの私も、この時ばかりは感情的になり「そんなクソ校長は頭にくるからクビにすべきだ」くらいに思ってしまった。早速、お母さんに当事者録音について説明し、セクハラの証拠を取るために、後日録音機を身につけて再び校長室を訪問してもらった。もちろん、いじめの相談という名目で。

録音されていると知らない校長は、お母さんの2度目の訪問に感激したのか、お母さんの手は握るは、胸は触るは……。むき出しのエロおやじと化した。その結果「胸を触らないでください」「手を握らないでください」と女性が懇願する声と「いいじゃないか」とおやじがささやく声がバッチリ録音された見事なセクハラ現場の証拠ができ上がった。

さて、ここから先はどうしたものか?

ここでお母さんがセクハラ被害を訴え出てもいいが、それではお母さんも傷つくしお子さんのいじめは解決されない。悩んだ末、依頼者であるお母さんと私が、直接校長に会って事実をありのままに伝えることにした。

私は、その校長がいる中学校のすぐ近くから学校に電話をかけ、校長を電話口に呼び出した。

「○○さんのお母さんに頼まれて電話している者です」と名乗った上で「あなたが○○さんのお母さんにしたことの証拠をすべて音声データとして持っている。今すぐ会ってお話ししたいことがある」と告げた。

すると……。次の瞬間、校長は、まるでロケットのような勢いで校門から飛び出してきた。その狼狽《ろうばい》ぶりたるや凄まじい。こちらが校長に近づき、とりあえず静かな場所でお話ししたいからと近所の喫茶店に入ろうとすると、校長が「そこは保護者が経営している店だからダメだ」と言い出し……。わざわざバスに乗って隣町のファミレスに移動した。

移動中、校長のケータイは鳴りっぱなしだ。どうやら学校の予定をすっぽかして出てきた様子で「あ、それは、緊急の用件ができたから行けない。お腹が痛くなったからと言っておいてくれ」などと電話の相手に、必死に言い訳している。

ファミレスに入ると私は、校長に当事者録音で得た音声データを聞かせた。すると校長の顔が真っ青になった。そして眉間にしわを寄せ顔面蒼白《そうはく》のままこう言った。

「カネか。カネを払えばいいのか。どうすればいいのか」

「……」

とんでもない話だ。この校長は私と依頼者をゆすり目的の輩《やから》と勘違いしている。ここで金品を要求すればあからさまな恐喝だ。セクハラ事案として事を進めるなら裁判を起こし、事を公にしなければならない。校長のもの言いにはかなり頭にきたが次の瞬間、依頼者であるお母さんがこう言った。

「私のことはいいんです。あの子がいじめられないように……いじめにちゃんと対処してください」

この日の翌日から依頼者の娘さんが通う中学校は一変した。いじめている生徒は先生に呼び出され厳重注意。いじめていた子供たちの親も呼び出され厳重注意。加害生徒の親御さんは先生から「公立中学でも退学に近い処分もできる」とまで言われた。いじめを見逃した担任は校長から大目玉を食らった。いじめは一瞬にして見事になくなった。

私はこの話を、依頼者と依頼者の友人、特に母子家庭のお母さんネットワークから聞いた。それにしても、その後のこの校長先生の様子を聞くと、まるで別の人格が乗り移ったかのような豹変ぶりではないか。

他人が困っていても動こうとしない学校長も、保身のためなら必死になるのか。どちらにしても、学校の先生が本気でいじめをなくす努力をすれば、ちゃんとした成果が上がる。この一件で私は確信した。そう、本気になれば先生はできるのだ。にもかかわらず多くの先生が本気にならない。

結局この案件では、当事者録音は行ったが探偵による調査は発生しなかった。よって報酬はいただいていない。

事実を突きつけられ泣き出す校長

それにしてもなぜ校長先生という人たちは、あんなにも頻繁に人前で泣き出すのだろう。私の経験から言うと、依頼者である親御さんにいじめの調査資料を突きつけられた段階で、

4割くらいの校長が泣き出す。特に警察沙汰になりそうな事案では、泣き出すことが多い。

再三述べている通り、探偵は黒子だ。いじめの存在を証明する、動かぬ証拠を集め依頼者に提出する。本来探偵の仕事はそれ以上でもそれ以下でもない。にもかかわらず、事実を突きつけられた学校当局から「どうしたらいいかわからないから話したい」と言われ学校に呼び出されることも多い。親御さんも「先生と相談するのだが、この先どうしたらいいかわからない」と言うから仕方なく学校についていく。

そしてこういう時、私は校長が泣く姿を目撃する。

公立と私立を比較すると、校長が泣き出す比率が高いのは圧倒的に公立。公立の校長先生は約8割の確率でいよいよ困ったという段階で泣き出す。私立はどちらかというと、事実を突きつけられた段階で「では、どう対処しようか」と実務的な話に進むケースが多い。が、公立の場合、一度泣きが入る。

意外に思われるかもしれないが、レイプのような即犯罪の事案では、学校は完全にパニックに陥り当事者任せにして何もしないから、私が校長の泣き顔を目撃する機会はない。このようなケースでは、学校と私たちとの接点が生まれない。むしろ、物壊し、少額のカツアゲといった事案で学校側から頻繁に相談を受ける。そこで泣き出す校長に出くわす。

だが、泣かれても困る。

私は、泣いている校長から「どうしたらいいかわからない」と言われた時には「あなたは教育者なのだから自分で考えたらどうですか」と言う。

学校にはいろいろないじめに対するマニュアルもあるし、文部科学省のガイドラインもあるはずだ。いじめ事案に対するそれなりの対処法は教師なら皆承知している。にもかかわらず、彼らが探偵という部外者の前で泣くのはなぜか。私には彼らが本気で泣いているとは思えない。

実は、彼らはそれとなく、こちら側に公にしないよう配慮して欲しいと訴えているのではないか。事を荒立てないで欲しい。親御さん同士でもめ事になって学校の名前が出ると困るから、穏便に事が運ぶように計らって欲しい。それを暗に伝えるために泣いているというか泣いてみせる。

また親御さんに聞けない何かを私から聞き出そうとしているフシもある。校長の涙を見ても、私にはそんなふうにしか思えない。

探偵が集めた証拠を前に「これは学校としては採用できませんが、これ（証拠）があるので、事実は認定しました」などと明らかに責任逃れを意図した、筋が通らない言い方をする校長も多い。

彼らがこういう態度だから彼らの涙も、狸《たぬき》おやじや狸おばさんの嘘泣きに見えてしまう。泣かれようがどうしようが、私の立場は変わらない。結局、私が彼らに言えるのは「依頼者のお子さんの安全を第一に考えるべきではないですか」くらいだ。

しかし、校長が泣いた後でも実際には何もしない学校が多い。

こうなると、最後は親御さん同士の話し合いで決着を、にならざるを得ない。探偵ができるのは、依頼者のお子さんをいじめている加害生徒の親の身辺調査くらいだ。親御さん同士の話し合いがこじれれば裁判に発展する。そうなると学校の名前は確実に公になる。

いかにも不良という子供がいじめているのではない

学校は機能不全に陥っている。私がそう感じる理由は他にもある。今の先生は、かつての先生のように生徒を叱り飛ばせない。そして、生徒の側もかつてと今では大きく変化している。

今、いじめを行っている生徒は一見すると普通の子だ。いかにも不良らしい匂いを周囲にまき散らしている生徒がいじめを行っているのではない。都市部においては、そういうわかりやすい不良は、すでに存在すらしていない。地方に行くと、頭をリーゼントにした「お前、何時代から来たんだよ!」と叫びたくなる不良少年にたまに出会うが、都市部にはこんな子はいない。いじめているのは一見普通の子だ。だから誰がいじめを行っているのか、外見だけでは見当がつかない。

いじめの質も変化している。今日のいじめで特徴的なのは、いじめがいとも簡単に欲やお金に繋がっていること。カツアゲやレイプ、援助交際の強要はその最たるものだ。私は今36歳だが、昔はこういういじめはなかった。

ちょっと荒っぽいヤツがいてそいつが他の連中を殴ったり、気の弱いヤツに使いっ走りをさせる。これが昔のありがちないじめだった。その先に、カネや欲は出てこない。そして昔のいじめっ子は、ふだん自分が使いっ走りさせている子分のような生徒が他の生徒から殴られれば、やり返したものだった。

ところが今の子供たちの場合、被害生徒、つまりいじめられている子を人間とは思っていない。そう感じることがある。いじめられている子は加害生徒にとってはオモチャであって、人格を意識しているとは思えない。

すでに書いたように、私も昔はよく喧嘩をしたからそういう意味では不良だったと思う。

でも、中学では生徒会長だったし、自分の学校の生徒がカツアゲに遭ったら、カツアゲをした生徒のいる学校に木刀を持って怒鳴り込み金を取り返した。中学時代の私は、今日のいじめの加害生徒に比べれば猛烈にわかりやすい不良だったのかもしれない。

大人になって当時を振り返り思うことがある。自分のしたことは賞賛に値しないかもしれない。しかし今日のいじめのように、被害生徒をオモチャにするような感覚はなかった。いじめられている子をカネや欲のための手段に使おうとは夢にも思わなかった。

表面は真面目、ウラで集団レイプ

現在の親御さんの子供時代、25年くらい前の学校には、クラスにわかりやすい不良の子のグループと真面目な子のグループがあった。そしてお互いのグループには接点がなかった。もう少し詳しく説明すると、クラスには、通常、不良グループ、真面目グループ、普通の子のグループが、なんとなく形成されていて、それぞれのグループの関わりはそれほど密接ではなかった。

それぞれのグループが、他のグループを、なんとなく牽制《けんせい》して均衡《きんこう》が保たれていた。そんな記憶がある。そしてクラスで成績がビリのほうの何人かが不良だった。

ところが現在では、成績ビリは不良ではない。この子たちは、今はただの落ちこぼれでクラスの中ではほぼ人権がないに等しい。例えばこの子たちは先生と話してはいけない。そんな暗黙のルールがある。逆に成績上位の子は先生と話せるというルールもあったりする。この現象は進学校でも偏差値の低い学校でも見られる。

今日では成績が悪い=不良でも、いじめっ子でもない。いじめる子と成績の間に相関関係はない。

クラス内には成績上位のエリート集団と落ちこぼれグループがあって、そこには完全な格差社会ができ上がっている。昔は成績の良い子はいじめの対象ではなかった。たいてい一番成績の悪い生徒・児童が、成績が中くらいの気の弱い生徒・児童をいじめていた。だが今は違う。エリート集団の子は決していじめられないかといえば、そうではない。成績上位集団の中で、ある子が突如いじめの対象になる。成績トップの子もいじめられるかもしれない。明日何が起こるかわからない。

では、いじめはどんな基準で行われるのか。結論から言うと、いじめる、いじめられる基準は今の学校には存在しない。生徒同士にもよくわからない。そのいじめの基準を大人が理解できるわけがない。

大人が子供の世界で起こっていることを理解できない理由は他にもある。現在の親子関係は昔とはかなり違う。昔といってもつい二十年前のことだが、私が子供だった時代とは大きく異なる。

いじめ調査をして感じるのは、今の親御さんは自分の子が加害生徒でも基本的にウチの子はいい子だと思っている。加害生徒の家庭を訪れると、母親がその子を溺愛しているのがよくわかる。「○○ちゃんは、コーヒーでいいの？」と息子の名前を呼ぶときは猫なで声になる。そういう親御さんが多い。

父親も、母親ほどでないにしても、比較的子供を溺愛している。というか子供に対し過剰に気を遣っている。そういう様子を見ていると、この加害生徒は殿様かお姫様かと思うことがある。自分の記憶をたどっても一昔前の親はあれほど子供に気を遣っていなかった。

今のお父さんは子供のことを知らなくても、とにかく子供への気遣いは怠らない。

ある加害生徒の自宅を訪れた時のことだ。その男子生徒が話し合いの途中で、トイレに行くと言って廊下に向かって歩き出した。その家の廊下は狭かった。そしてトイレに向かう途中に、偶然父親が立っていた。その父親は息子とすれ違う時に、不自然なほど体を壁に押しつけて息子に道を譲った。息子のほうは我関せずで、堂々と正面を向いてトイレへ歩いていった。

私はそのお父さんの息子に対する過剰な気遣いに驚いた。この息子は集団レイプの加害生徒だった。

先生は何もできないと子供は思っている

学校の先生に対するイメージもこの20年くらいで大きく変わった。いじめられた子供たちと話していて、そう思う。

いじめられている子は「先生は助けてくれない」と思っている。「助けてくれないし、相談にも乗ってくれないだろう。仮に乗ってくれたとしても何もしてくれないだろう」と思っている。同様にいじめている子たちは「バレたとしても先生は何もできない」と思っている。彼らがそう思うのにはそれなりの根拠がある。

いじめられている子から相談を受けて「先生はなんとかしてくれないの?」と尋ねることがある。そんな時彼らは「一度、相談したけど、ダメだった」と言う。例えば、その生徒のモノが校内でなくなって、誰が盗ったか見当がついていて、先生に「盗られた」と言っても「それは、忘れ物しただけじゃないか」と言われたりする。

世間でこれだけいじめが問題になっているのに、いじめより「忘れ物」が先にくる。当然いじめられている子は先生を疑い失望する。「自分の言うことをちゃんと聞いてくれないんだな」と思うに決まっている。

クラスメイトに教科書を破られた生徒が、先生に相談すると「自分で破ったんじゃないのか？」と言われる。教科書を破られたその生徒が「多分〇〇くんがやった」と思っていても、先生は「誰がやったんだろうな？」と聞き返してはくれない。まずいじめられている子の落ち度を疑う。

口頭で先生に相談しないまでも、いじめられている子はふだんからSOSのサインを先生に送っている。例えば学校の廊下でいじめっ子に囲まれている時、担任の先生がそこを通りかかる。いじめられている子は「いじめられているから助けて」という目で先生のほうを見つめる。にもかかわらず先生は、あえて視線を逸《そ》らし通り過ぎる。

いじめられている子は、必ずと言っていいほど声にならないサイン、テレパシーのようなものを必死に先生に送っている。でも、先生は決して手を差し伸べない。子供は裏切られたと感じ、先生は信用できないと思うようになる。その段階で先生に相談しようなどという気は失《う》せてしまう。

だから探偵事務所には子供からの電話が後を絶たない。

いじめている子も、たとえいじめがバレても「先生は何もできない」と高をくっている。その理由を加害生徒に聞いたことがある。

「なぜ、先生は何もできない？」

答えはシンプルだった。

「親のほうが強い」

中には先生に何かで注意を受けると、堂々と「親に言うぞ」と返す子供もいる。これは小・中・高、学年にかかわらず共通している。ではなぜ彼らはそう思うのか？

単純な理由だ。彼らは大人のふだんのやりとりを観察している。例えばクラスの誰かが授業中にお腹が痛くなったとする。学校の中で子供の体調が悪くなった。でも先生は気づくのが遅くちゃんと対処ができなかった。こうなると親が怒鳴り込んでくる。

「学校は何をやってるんだ！」

先生たちは平謝りする。その様子を子供たちは見ている。お腹が痛くなった当該児童だけでなく周りの子供たちもちゃんと観察している。

ところが、先生の側にはまったくというほど見られているという意識がない。大人同士の関係で精一杯なのか子供の視線に気づかない。

いつの時代も子供は子供、はウソ

今の子は若干大人びていると思うことがある。いじめ調査を通じ、小・中・高校生と接するうちに、大人は「いつの時代も子供は子供」などと呑気《のんき》なことを言っている場合ではないと感じる。今の子供は私たちが子供だった時代に比べれば、かなり大人が混じった子供になっている。

例えば、今の子供たちは、先生のことを「さん」付けで呼ぶ。子供同士の会話でもそうだ。かつては、子供同士が先生の名前を口にする時「○○先生」と呼ぶか「○○」と呼び捨てにした。親愛の情を込めてあだ名を付けた。先生の呼び方は以前はこの３パターンだった。ところが今はこのどれでもない「○○さん」だ。

「もう、○○さんも、いろいろあって大変みたいだよ」と、生徒同士が語っている。まるでサラリーマンの会話のように。ところがよく聞いてみると「○○さん」は先生だ。

今の子供たちは昔の子供たちに比べ非常に体面を気にする。私は、小・中・高と、通知表に何が書いてあるかあまり気にしなかった。これは、私だけかもしれない。他の人は気にしていたのかもしれない。だが今はとにかくどの子も、自分の通知表の評価が気になる。一部のガリ勉だけではなくすべての子を見ていてそう感じる。

自分がどう見られているかどう評価されているかについて、神経を使っている。だから大人が会社で自分がどう評価されているか気にしながら行動する時と同じ振る舞いをする。大人の目が届かないところで陰湿ないじめをしている子も、先生や周囲の大人にどんな顔を見せておけばよいか心得ている。そういうところは非常に大人びている。

調査で知り合った中学生の加害生徒から「いじめがバレたら進路に影響が出るから言わないで欲しい」と懇願された。彼は大人のように将来に不安を持っている。いじめをするくせに社会での評価を猛烈に気にしている。集団レイプをやっている生徒も先生や親の前ではすごくいい子になったりする。そういう場面を何度も見てきた。

ある暴力性の強い男子中学生は、道を歩いていて近所の人に会ったらハキハキと挨拶をしていた。学校でボランティアをしている大人や保護者会に来たお父さんお母さんの前ではものすごく態度がいい。だから、その子にいじめられている生徒の親御さんまで騙されてしまう。自分の子供が「○○くんに殴られた」と言っても、親のほうが「そんなバカな、あの子、とても感じのいい子じゃない」と言ってしまう。

それでも自分の子供が何度も「○○くんに殴られた」と訴えるし学校にも行かなくなった。そこで、その親御さんが担任の先生に相談する。

「○○くんにいじめられているようだ」と。

すると、担任はこう言う。

「いや、そんなことはないでしょう。○○くんはすごく真面目だし、ハキハキしている。勉強も頑張っているし、みんなをまとめている。お宅のお子さんがそれを妬んでそんなこと言っているんじゃないですか」

ある時この暴力生徒が同級生を殴って、殴られた生徒は鼻血を出した。被害生徒が「○○くんに殴られて鼻血が出た」と言っているのに、殴った生徒が「いや殴ってないですよ」と否定すると、担任はふだん先生に対し礼儀正しく振る舞う暴力生徒のほうを信じてしまう。これは実際の出来事だ。

もちろんそういう子も追い込めば本当のことをしゃべる。実は大人がちゃんとその子たちを観察していればウソはバレバレだ。

被害生徒の親御さんから調査を頼まれた私は、その暴力生徒に向かって「きみ、拳が腫れているね、手に怪我《けが》したの?」と聞いた。すると、「いや、転んだんです」と答えるので「転んでも、普通は、拳は打たないよ」と言い返す。

すると相手は「ううっ」と言葉に詰まる。そこで「お前、殴ったんだろう！」と一喝すれば、うっかりこう口走る。

「そんなこと言ったら、あなたは先生に言うでしょう」

「それってきみ、今の瞬間、自白しているよ」と責めると、結局は「はい」と認めてしまう。

いくら大人びていても経験値は大人より低い。レトリックは杜撰《ずさん》だ。だから数分話すだけでその子のウソは私に見破られてしまう。考えてみれば当たり前のことだ。

今の子供たちには大人と子供が同居している。にもかかわらず周りの大人たちが「まだ、あの子は子供だから」と思い込んでいる事実がいじめを助長している。それにしても、なぜ毎日子供たちと接しているベテラン教師までが騙されてしまうのか。子供たちの変化に気づかないのか。彼らは本当に真面目に子供を観察しているのか？　大いに疑問だ。

家出人で、最も捜索困難なのは子供

今日の子供たち、特に中・高生について考える時、家出人捜索の事例は示唆的だ。どういうことか。これは極めて探偵的な見方だが、探偵が行う家出人捜索において、最も発見困難な対象が実は子供だ。相手が大人ならその行動はだいたい見当がつくが子供の行動は読みづらい。

私立探偵の調査メニューに家出人捜査がある。親族の誰かが行方不明になり、警察に家出人として届け出ても手がかりがつかめない。こういう時、探偵事務所に家出人の捜索を依頼してくる人がいる。

私立探偵は、家出人捜索を行う独自のノウハウを持っている。だから、この仕事は本来であればそれほど骨の折れるものではない。しかし、家出人が子供、特に中・高生の女子の場合、発見は大人の家出人よりもはるかに困難になる。それはなぜなのか。

まず子供は社会との関係が希薄だ。

大人であれば生活に必要なお金がなくなればクレジットカードを使用する、銀行からお金を引き出す。行方不明者の親族が依頼者の場合、その履歴をたどり家出人に接近できる。大人であれば、当然生活のために働く必要があるため、新しい仕事を探そうとする。その段階で本人を捕捉するのも比較的たやすい。

ところが子供はクレジットカードを使わない、預金も下ろさない。「社会との関係が希薄」という言葉にはいろいろな意味がある。子供の場合、友人関係も希薄だ。

子供の家出人調査の場合、まず依頼者である親御さんに「お子さんの友だちリストを出してください」とお願いする。もちろん親御さんは進んで教えてくれる。子供の社会は基本的に学校や塾の友人関係で構成されている。それくらいしか思いつかない。こちらとしてはその繋がりを頼りに調査を行うしかない。

ところが、親御さんが自分の子供と一番仲が良い子と言って連絡先を教えてくれた、その子の家に行って「○○ちゃんと仲が良いんだよね」と聞くと「えっ、会えば挨拶くらいするけど、それほどでもないよ」との答えが返ってくる確率が非常に高い。

「そういえば最近、学校に来ないなー」

親御さんが娘の親友だと思っている子が、そんな調子だ。仲が良いどころかふだんは気にもとめていない。同じ学校の生徒でしかない。

だが、親御さんが子供の友だちリストを出せるのはまだましなほうで、子供の友だちを1人も知らない親御さんのほうが多い。子供の場合、友だち同士の人間関係も希薄なら家族との人間関係も希薄だ。その結果、子供の家出人捜索は困難になる。

友だちが頼りにならなければ、家出人本人のケータイの足跡など子供が使う通信機を手がかりに探す。探偵には他人の通信機を勝手に調べる権利はない。しかし親御さんが契約者の場合は、キャリアの協力を得て、親御さんの権限で履歴を閲覧できる場合がある。現在ではさまざまなケータイ端末があるが、GPS機能付きなら、その端末の位置から本人の所在地を割り出せる。またキャリアとの契約者が親御さんで端末がiPhoneなら、IDやパスワードがあれば、その端末の場所を特定する機能が利用できる。この場合はいちいちキャリアに情報提供を求める必要はない。

この方法でも見つからないとかなり厄介だ。

18歳未満の家出人捜索の場合、家出人の男女比は男子2対女子8だ。男子の場合は、昼間学校にも行かずぶらぶらしていて補導されるケースが多く、家出から一定の時間が経過すれば家出人のほとんどが発見される。だが18歳未満の女の子の場合その可能性は低い。

男の子はお金がなくなると、ぶらぶらする以外にすることがなくなるので、補導されたりする。だが女の子にはお金を稼ぐ方法がいくらでもあるし、家出人の女の子を利用している大人も大勢いる。そういう網の目の中に入り込んでしまった女の子を捜し出すのはかなり困難だ。

例えば、神待ちサイトというものがある。これはインターネットの掲示板で、一人暮らしの男が「家出人の女の子を泊めてあげる」と告知を出すサイトだ。この神待ちサイトの投稿者の自宅で家出人が発見されるケースも多い。ちなみに、神待ちサイトには男子向けもあり男子もこのサイトを利用し出すと女子同様に発見が難しくなる。

神待ちサイトを利用して宿泊場所を確保する家出人を捜す時には、複数の探偵が手分けして、神待ちサイト系の掲示板の情報をチェックする。本人がいなくなった日時、本人の特徴と合致する情報を発見した場合は、その情報源に直接、接触する。

探偵が神待ちサイトに投稿してきた女子生徒になりすまし、宿泊場所を提供する男を呼び出す。投稿はおとりだから当然女の子は現れない。しかし宿泊場所を提供する側の男は待ち合わせ場所に現れる。男は一定時間待ち合わせ場所で待ち続け、相手が来ないと判断すると仕方なく帰宅する。この時探偵が尾行する。

男の自宅に行ってみると案の定、捜索依頼対象の家出人に出くわす。この場合、探偵は自室に家出人を泊めている男に「この子は18歳未満で、捜索願が出ている」と告げ、家出人の身柄を確保し親御さんのもとに届ける。

相手が18歳未満と知りながら女の子を泊めた男の扱いに関しては、もし性交渉などがなければ特に問題としない。が、性交渉があれば犯罪なので、親御さんにその旨を伝え訴追するか判断してもらう。

神待ちサイトの男が家出人に対し、あまりにもひどい虐待を行っていれば警察に突き出すが、そうでなければ探偵は彼らの処遇を決めない。探偵の仕事はあくまでも依頼者のための家出人捜索だ。

今、私の事務所では神待ちサイトに投稿し女子を泊めた前歴がある人物100名以上をリストアップしている。この仕事を続けているうちにこういうリストができてしまった。今では、神待ちサイトに逃げ込んだ可能性が高い家出人捜索では、その居場所を特定するためにこのリストを活用している。

家出人女子の生活を支えているのは神待ちサイトだけではない。女の子の場合、お金を稼ぐ、食い扶持《ぶち》を確保する方法は他にもある。アダルトショップにパンツを売るなんていうのはずいぶん昔の話であって、今は繁華街に必ずと言っていいほど出会いカフェ、出会い喫茶なるものがある。こういうカフェに行くと女の子はタダで飲み食いができる。漫画も読めるしケータイの充電もできる。

出会いカフェも店舗によってシステムが異なるが、女の子は、ここで知らない男と出会ってご飯をごちそうしてもらったりお金をもらうことができる。男と出会ってその男の家に泊めてもらうこともできる。家出人がこういう場所に出入りするようになると捜索は長期化する。

こうなると探偵が、出会いカフェや漫画喫茶、クラブなどを捜しまわるしかない。そこにいる人や従業員に家出人本人の写真を見せて、片っ端から尋ね歩く。出会いカフェ、漫画喫茶、クラブで発見される家出人は多い。

女の子の場合、家出人をネタに大人が儲《もう》けるビジネスがすでにでき上がっている。しかも、女の子の側がそうしたシステムにしっかり対応してしまっている。そもそも子供は大人にとって見えにくい存在だが、その見えにくい子供を利用する人々の存在がさらに見えにくくしている。

以前、デリヘル嬢の控え室になっているマンションの一室で、17歳の家出人の身柄を確保した。この女の子の場合、家出する時に自分のケータイは持っていたがふだん使っていたタブレット端末は家に置きっぱなしだった。そのタブレット端末に残されていたメールのやりとりからデリヘルで働いていると判明した。

捜索を始めた段階では、デリヘルの控え室の所在地は不明だったが客との待ち合わせ場所はメールの履歴から特定できた。その待ち合わせ場所に探偵を配置して張り込みを行った。そして、その場所で彼女を発見し尾行によりデリヘルの控え室をも特定した。

家出人だけでなく、客や、他のデリヘル嬢なども尾行してデリヘルの控え室内部の様子も把握した。その段階で、私たちはそのマンションの一室を訪ね、「ここで家出人の捜索依頼が出ている未成年が働いている」と告げた。結果的に家出人を親元に連れ戻したが、このケースの場合どんな連中が後ろに控えているか見当もつかなかったので、細心の準備をしてそのマンションの一室に踏み込んだ。

その子は家出前からデリヘルで働いていたが、そのことに親御さんはまったく気づいていなかった。それぐらい親子関係が稀薄だった。

子供にとって探偵は異質な大人

いじめ調査の話題になると、しばしば他人からこういう質問を受ける。

「なぜ、子供たちは、親にも先生にも言わない隠し事を、阿部さんには話すんでしょう。なぜ、阿部さんのことを信頼するんでしょう」

この質問について、この場で自分なりに回答してみたい。正直言って、自分でも本当のところその理由はわからない。私は子供たち自身ではないから仕方がない。だから想像で答えるしかない。

一つには、やはり、自分は普通の大人に比べればちょっと怖いのかもしれない、と思う。先生や親なら言うことが決まっている。しかし、私は何をやらかすかわからない。子供たちから見れば、この人は判断がつかないという恐怖感があるのではないか。子供たちに本当のことを言わせる時には、容赦《ようしゃ》はしない。これは何も、脅かすということではなく、子供たちとの話し合いの中で押しもするし引きもする。相手を子供扱いせず、ちゃんとした駆け引きをする。

状況から何が起こっているかある程度わかっている時には、相手を駆け引きで追い詰めていく。

ある時は、援交を行っている生徒に対し「今、やめないと一生やめられないよ」と語りかけることもあるし、同じ生徒に「お前が、性病になろうが、死のうが、おれは何の被害も受けない、お前の人生は、お前の人生だからな」と突き放すこともある。こういう駆け引きでは、相手が子供か大人かは関係ない。私は決して気を緩めることなく、真剣に駆け引きを行う。

私立探偵は一定の危険を伴う職業だ。依頼者のために調査する、ただそれだけのことでも誰かに逆恨みされ、刺されるかもしれない。その可能性はあると思う。そうなったらそうなったでしょうがない。そういう危ない職業に就いているという覚悟がある。

子供たちは、そういう覚悟を持っている大人と話したことがないのではないか。私は、子供と接する時であっても、ある種の覚悟を持って接している。相手に思いっきりぶつかるし、相手の言うことには真剣に耳を傾ける。煎じ詰めれば、この覚悟くらいしか、私と他の大人との違いはないだろう。

親や先生は、一定の枠組みの中で行動し、発言する。子供たちにとっては、最初から、こういう時にはこう言うだろうなという反応が予想できる大人だ。親御さんや先生だけではない。今の子供たちは、大人とはだいたいこういうものだろうという前提のもと、大人と接している。

だが、私の場合、彼らには反応が予想できない、異質な大人に映るのだろう。だから、初めて私と対面した子供たちは、「なんだ、こいつ」みたいな表情になる。そして話しているうちに、子供たちの側が、「こいつは騙せない」と感じるのかもしれない。

こんなことを言うからといって勘違いしないで欲しいが、私は子供たちと相対する時決して上から目線では話さない。いつも心がけているのは子供の目線で話すこと、そして自分も相手に対して正直であること。

例えば、すごく忙しい時に子供から電話がかかってくると、私は「今、超忙しいんだけど、緊急?」と答える。相手が「いや大丈夫」と言うと「じゃあ、10分後に電話するから必ず出ろよ」と言って電話を切る。そして、約束通り電話する。あるいは「ヤバいよ、予定詰まっていて、今日は朝から○○の会議があるから、夜になっちゃうけどいい?」と本当のことを言う。面倒くさいからといってウソの理由をつけて、相手をあしらったりしない。もしそうすれば、そのことは相手にも伝わるはずだ。

また、相手が子供でも自分の感情は押し隠さない。自分の感情にまかせて、子供のメールに対して「もう面倒くせーから、返信しねーぞ」と返信する。それでも、相手は伝えたいことがあればメールしてくる。

よく誤解されるのだが、私は、子供のカウンセラーになっているつもりはない。当たり前の感情を露わにして、人間と人間のつきあいをしている。だから、知らないことは普通に子供に尋ねる。最近、子供の間でどんなことが行われているのか、はっきり言ってわからない。だから、どんなことが流行っているの?　と聞く。神待ちサイトの存在も、子供たちから教わった。

それから私は、子供たちの価値観を尊重する。子供と大人の価値観の間には大きな隔たりがある。それは仕方がない。でも子供時代には、その人物にとって、子供の価値観が絶対的だ。大人なら大した問題でなくても、当人にとっては生き死にに関わる重大事に思えることもある。「学校ではうんこできない」ということが、小学生の時期には重要な価値観になることもあるが、私は、そういう価値観であっても決して軽視しない。

例えば「あの友だちと話せなくなっちゃったら死んじゃう」と言う女の子がいたとする。そういう子には「じゃあ、どうやったら友だちと話ができるかな」と、同じ土俵で話すようにしている。「友だちと話せなくても大丈夫だよ。自分らしく堂々としていればいい」というのは大人の価値観では正しくても、それを言うと、はなっから相手の価値観を認めていないことになる。

その子のクラスでは、友だちに無視される対象が持ち回りで巡ってくる。その子は、そういう世界に生きている。だから、「自分の番が回ってきたら本当に死にたくなっちゃう」わけだ。

第6章 子供をいじめから守るために、大人ができること

今日もいじめ相談の電話が鳴りやまない

再三述べているように、私はすべてのいじめ案件に探偵が介入する必要はないと考えている。むしろ、ほとんどのケースは探偵による調査など行わなくても解決可能だ。

最近は、インターネットで「いじめ」というワードを検索にかけると、膨大な量の探偵事務所による「いじめ調査」の広告にヒットする。2004年に私が、探偵業界で初めていじめ調査を手がけて以来、多くの探偵事務所が、いじめを調査メニューに加えたからだ。そのせいもあって、私の事務所にも毎日のようにいじめの相談をしたいという親御さんから電話がかかってくる。

だが、そういう電話のうち実に9割は、よく話を聞くと探偵の調査など不必要と思われるケースだ。今では、電話によるいじめ相談が調査受件に発展する確率は1割程度にすぎない。

仮に子供がいじめられていたら、まず学校の先生に相談していじめをなくす努力をする。あるいは親御さんが先生に様子を聞いて、いじめている相手が誰かわかったら先方の親御さんと話し合って解決する。それが本来の筋道だ。だが、それらを一切行わず、いきなりいじめの調査で証拠を取ってから学校と話がしたいという親御さんが増えている。このような姿勢は、本来は家族の問題であるはずのことを外部に丸投げするようなものだ。

これはある意味で危険だ。まずは親御さんが子供に向き合い、親としてきちんと対処している様子を子供に見せるのが重要だ。それを省略して外部の業者に相談すれば親子間の亀裂を生む可能性さえある。

残酷な言い方だが、今その子が遭遇しているいじめがなくなればいいが、なくならないかもしれない。なくならなければ子供は絶望感を抱くかもしれない。仮に子供が絶望して死にたいと思った時に、それを思いとどまらせるものは何か？　それは、その子の周囲にいる誰かがその子と真剣に向き合っているという事実でしかない。そしてその誰かとは親御さんであるべきだ。

この考え方に基づき、いじめ相談の電話をしてくる親御さんに対し、私は「まずはお子さんと真剣に向き合ってください」と言うようにしている。だが中には私がそう告げると、それっきり電話してこない親御さんもいる。彼らのその後はこちらでは把握できない。

私の経験から言えば、いじめ問題の大半は周囲の大人、親御さんや先生が本気でその問題に取り組む姿勢を見せれば解決できる。本気になった時点で半分は解決していると言ってもいい。

だが、それでもいじめ調査が必要な案件は存在する。援助交際強要、レイプ、集団レイプ、猥褻行為の強要、万引き強要など犯罪性が高く調査しなければいじめの実態が把握しにくいケース。この種の過酷ないじめを受けている子供が、貝のように口を閉ざして親にも真実を告げないケース。電話で相談を受けた時点でこの種の事案だと疑われる場合は、私は積極的に調査を受件する。

また親御さんがいじめを認知し学校に相談したにもかかわらず学校が対処してくれないケース。これが相変わらず多いのだが学校の先生が「いじめの証拠を持ってこい」と言うケース。この場合も私は積極的に調査受件する。

子供のこんなサインに要注意

調査が必要となる過酷ないじめを受けている子供は、いじめのサイン、兆候を周囲に示している。本人は口にはできなくても、態度でSOSを発信している。親御さんが早く気づけば、それだけ子供の傷を浅くできるだろう。ここでは、いじめられている子供が発するサイン、いじめの兆候について説明する。子供がこんな言動を取るようになったらいじめられている可能性がある。そのように考えていただきたい。

親御さんによく学校の話をしていた子供が急に話さなくなる。学校の友だちの話をしていた子が急に友だちの話をしなくなる。今まではそんなことはなかったのに、1人部屋に閉じこもって勉強もしないでテレビをボーッと見ている。こういう何気ない変化が、いじめられている子供には必ず起こる。

また、いじめられている子供はいつもダルそうにしている。これは私が出会った被害生徒・児童全員に共通する。学校に行く時間ぎりぎりまで寝ている。以前より動きが緩慢に見える。こういう時はストレスがたまりすぎて、バイタリティ、モチベーションが低下していると想像できる。その原因がいじめにある可能性は決して低くない。

もっとわかりやすい兆候もある。実際に怪我をしていれば暴力を受けている可能性がある。体にアザが残っていたら要注意だ。お腹を殴られている場合は、アザは残りにくいが痛みが残っている。そのため日常生活でも、姿勢が低くなったり立ち上がる時に両手をつくようになる。本人が「痛い」と言わなくても、以前に比べ動作や姿勢がおかしいと感じたら暴力的ないじめを受けている可能性を疑うべきだ。目に見えて現れる変化はわかりやすいはずだが、親御さんは案外、見逃している。

ケータイは今の中・高生にとって必需品だが、それまでいじっていたケータイをいじらなくなる、見なくなる、ケータイの着信音に怯《おび》え出したら、誰かから脅されている可能性がある。ケータイで話す時は家族の前でも平気だった子が、自分の部屋以外でケータイを使わなくなる。カレシまたはカノジョができて恥ずかしいから自分の部屋で話すというのならいじめではないが、そうでなければいじめの可能性がある。

ケータイは子供たちの生活において重要なアイテムであるだけに、ケータイに対する子供の変化はわかりやすい兆候の一つだ。誰かから脅されている子の中には、ケータイで連絡を受けるのが負担になり、家で電源を落とす子もいる。

また、友だちからかかってきたケータイに出て、いきなり「ごめんね」と言っている、前はそんなことはなかったのに、最近はいつもケータイに出たらいきなり謝っている。こういう場合はカツアゲ、援助交際強要など犯罪系のいじめに巻き込まれている可能性を疑う必要がある。

親が子供のケータイにかけても繋がらなくなる。これもいじめの兆候かもしれない。日曜日に友だちと遊びに行くと言って出かけた子供に、何度電話しても繋がらない。援交している女子生徒の場合、必ず見られる現象だ。

もちろんこれらのサインの原因が必ずしもいじめとは限らない。いじめ以外の理由で子供がストレスを感じている可能性もある。大切な試験の前には誰でもナーバスになり口数も減るだろう。だからこのサインなら必ずいじめと言えるほど単純ではない。

だが、すべてのいじめられている子に必ず共通して現れるサインもある。いじめられている子は、いじめを受ける以前に比べ確実に表情が暗くなる。いじめられている子はどの子も表情が暗く覇気がない。

毎日一定時間、子供の目を見て話す習慣がある親御さんはこの変化に必ず気づく。そこで親御さんが「何があったの？」と聞いてあげる。「実は……」と子供が言える家庭内の雰囲気が大切なのだ。

なぜ私は探偵になったのか？

テレビや新聞でいじめについての話題が多く取り上げられるようになり、私に取材依頼が舞い込む頻度も高まった。私の探偵事務所は創業してまだ10年のどちらかというと新興事務所だ。なぜその新興事務所にいじめの取材が殺到するのか。この本をここまで読んでいただいた方にはその理由がご理解いただけると思う。ここからは、私が探偵事務所を開業するに至った過程と、探偵業界の現状を説明する。

私は大学時代、放送サークルに所属していた。そして大学在学中にはすでに制作会社で働いていた。この会社で私は、ラジオの番組を作ったり、イベントを企画したり、PA装置（音響）のミキサーを操作したり、ディレクションをしていた。私はもともとこの種の作業が好きだった。将来この業界でのし上がるなどという強い意気込みはなかったが、何となく好きな仕事につきたくてその会社に就職した。この会社には2年間在籍したが、在籍中に、カメラの使い方、音声や映像の編集など、後に探偵業界で大いに役立つノウハウを身につけた。

訳あってこの会社を辞め、実家の事業を手伝っていた時のことである。たまたま、探偵事務所の仕事をしていた知人から、仕事を手伝わないかと誘われた。これが探偵業界との出会いだ。当初私は、その事務所のバイク要員としてアルバイトしないかと言われた。

バイク要員といってもピンとこないかもしれない。が、当時はGPSという便利な道具を探偵が使える時代ではなかった。そのため、誰かを尾行する時、特にクルマで移動する人物を尾行する場合は、オートバイを使うのが通例だった。今から15年前の話だ。

私は小学生時代のポケバイから始まり、高校2年までオートバイに乗り続けていた。スポーツとしてのオートバイ・レースに出場した経験もある。要するに、探偵をやっている知人が、バイクがすごく上手いヤツがいるのでこいつを使おうと言って、私が駆り出された。バイクに乗ってクルマを尾行する。これが私にとって初めての探偵調査になった。それから、ちょくちょく頼まれ知人の探偵事務所を手伝った。

だが実際に私立探偵の仕事を垣間見《かいま》た私は、かなり残念な気持ちになった。当時から探偵は証拠を録画するためにハンディカムを使っていた。が、プロの探偵と称する人々の、その使い方が実に素人的だった。子供の運動会を録画するお父さん程度のスキルしかない人が仕事でハンディカムを使っている。音声録音のノウハウもつたない。制作会社でそれらのことを専門的に学んだ自分にとっては、なぜ素人の技術しか持たない人が仕事でカメラを使って、それがまかり通るのか疑問だった。

当時、首を突っ込んでいた探偵業界では、カメラや録音機材一つまともに扱えない人々が、依頼者にとっては死活問題になりかねない、重大な証拠を調査していた。これはおかしいと思った。調査を依頼する側の意気込みに対し、依頼される側のプロとしての意識が極端に低いのが問題だと感じた。同時に、これなら、自分でも探偵ができるのではないか、と思うようにもなった。私の実家は事業を営んでいるので、自分もいつかは起業したいという漠然とした気持ちはずっと抱いていた。ならば、自分は探偵業をと決心し、探偵事務所創設に至った。人間は、何か困ったことがあると、まずは、親や兄弟、配偶者といった親族・家族に相談する。そして、親しい友だちに相談するだろう。それらの人々に相談してもどうにもならない時に、人は探偵事務所のドアを叩く。探偵は依頼者にとって最後の砦《とりで》だ。

なのに、私が20代前半に出会った実際の探偵たちの態度には、そのような責任感が見られなかった。そのことが、私を探偵業界へと駆り立てた。

探偵業界といじめ調査

２００４年に私の事務所がいじめ調査を調査メニューに加えて、他の探偵事務所もこれに追随した。今では、ネットでちょっと検索すれば、いじめ調査をしますよという探偵事務所のサイトに出くわす。しかし、一言でいじめ調査といっても、いじめの種類は多種多様で、被害生徒・児童が置かれている状況もさまざまだ。もし、どうしてもいじめ調査を依頼したい時には、やはりいじめ調査に関する専門的な経験とノウハウを持った探偵事務所に頼むのがよいだろう。

では、一般の方がノウハウと経験がある探偵事務所を見分けるにはどうすればよいか説明してみよう。

経験のある探偵事務所はそれなりの調査機材を持っている。これが一番わかりやすい指標だろう。機材には小さなカメラなどさまざまなものがある。目的に応じた多様な調査機材を持っている事務所なら調査経験が豊富だと言える。契約する前に「もし、調査となったらどのような機材を使うのですか」と聞けば、まともな探偵事務所なら調査機材を見せてくれるはずだ。「見せるような機材はない」と言う探偵事務所はクエスチョンマークが付く。

ネット上に「わが社のいじめ調査成功事例」を掲示している事務所も多いが、あれは、あまり当てにならないと思ったほうがいい。以前、ある事務所のサイトに、私の事務所の成功事例がそのまま無断で転載されていた。口先だけならいくらでも上手く言える。

ネット上に掲載されている事務所所在地に、ちゃんと事務所があるかどうかも重要な判断材料になる。実は、住所はあってもそこに事務所がない、人がいないという探偵事務所は意外に多い。同じ探偵業界に身を置く人間として情けないが、そういう事務所が実際にある。探偵業界はまだまだ未成熟な業界だと言わざるを得ない。この手の探偵事務所は、当然のことながら信用しづらい。面倒かもしれないが、依頼する前に実際にその所在地に出向いて営業実態を確認することをお勧めする。

中には「自宅でやっているので事務所はありません」と言う探偵もいる。この探偵は正直な分だけまだマシだ。でも、そういう相手には「従業員は何人いるんですか」と聞いてみたほうがいい。ちゃんと納得のできる説明をしてくれる探偵ならその人は正直者だと言えるだろう。不正直な人より正直な人に仕事を頼んだほうが安心なのは明らかだ。中にはバーチャルオフィスの探偵事務所もあるが、こちらは営業実態がつかみにくく不安が残るのでお勧めできない。

クライアントとの話し合いの場で「自分がいじめの示談交渉をやってあげます」と言う探偵は絶対に信用してはいけない。こういう探偵はアウトだ。探偵が示談交渉するのは弁護士法違反だ。そんなことさえ知らずに言っているのなら、その探偵は無知だ。知っていて言っているのなら犯罪者気質が疑われる。

私の事務所でもいじめの示談交渉のために弁護士を紹介するが、自ら交渉することはない。弁護士紹介料もいただかない。違法行為だからだ。

他の業界にも共通することだが、極端に耳に心地よい広告にも気をつけたほうがよい。

「成功しなければ1円たりともいただきません」を謳い文句にする事務所もあるが、私はこのシステムに疑問を感じる。

不確定なことがあるから調査するのであって、実際には調査した結果証拠が出てこない（事実がなかった）こともあり得る。にもかかわらず、成功しなければタダというなら、証拠が出てきた時には法外な請求をされるかもしれない。いずれにしても調査が成功したケースでは、「成功しなければ1円たりともいただきません」の宣伝文句を使っている探偵事務所の依頼者は、この宣伝文句を使わない事務所の依頼者よりも調査料を多めに支払うことになる。当然だ。成功しなければタダなら、その分、成功した時に多めに稼がなければ事務所運営を継続できないからだ。

ちなみに私の事務所では、前述の通り、いじめの事案については相談と当事者録音については（機材の貸出しも含め）無料、調査員を派遣する調査の場合は有料としている。また有料部分に関しては、着手金と成功報酬を別々に料金設定している。仮に証拠が取れなくても調査員が動けば一定の料金が発生する。私はこれが自然だと思っている。調査員が行ういじめ調査の費用はケースバイケースだが、平均すると1件当たり30万円程度だ。

最近は非営利法人を謳っている探偵事務所もあるようだ。が、これについても注意が必要だ。非営利というと外聞は良い。しかし非営利法人は、株式会社と違い株主に配当することはないが、依頼者からお金をもらわないわけではない。その部分ではちゃんと収益を得ている。にもかかわらず非営利を売り物にする事務所には、非営利という言葉で一般の人に安心感を抱かせようとする意図を感じる。もちろん中には真面目なボランティアが運営している非営利法人もある。だから非営利法人＝危険とまでは言えない。

探偵の中には「１００％解決できる」とか「98％解決できる」と言う人もいるようだが、臆面もなくこんなことを言う人を信用するのは極めて危険だ。いじめ問題において解決とは何か。私は、被害生徒・児童が元の生活に完全に復帰して、新たな人生を着実に歩み出して初めて解決だと思っている。いじめ問題に深く関われば関わるほど、解決という言葉は安易には使えないと感じるようになる。いじめがなくなっただけで解決とは、決して言えない。それは収束とは言えるかもしれないが解決ではない。

私の事務所で扱った約２５０の案件をこのモノサシで見れば、収束１００％でも、解決にたどり着いたのは50％程度だ。私は今も被害生徒・児童たちと連絡を取り合っている。だから、堂々と「解決します」と言う探偵には疑問を抱かざるを得ない。

大人の社会が変わらなければいじめは減らない

2006年から2007年にかけていじめ問題がマスコミを賑《にぎ》わせ、テレビや新聞の取材を受ける機会が増えた。2011年には滋賀県大津市でいじめられていた中学生が自殺する事件が起き、その直後も多くのマスコミから取材を受けた。

2006年の頃は、私立探偵の教育現場への介入は是か非かという論調の記事が多かったと記憶している。しかもそうした記事のほとんどは、私立探偵が教育現場に関わるべきではないというものだった。教育業界の人からは「お前らが来る場所じゃない」と言われた。しかし、私に言わせれば来たくて来たのではない。学校の先生がいじめられている子に向かって「いじめの証拠を持ってこい」と言い出したから自分たちが呼ばれた。「呼んでおいて来るなはないだろう」が正直な気持ちだ。

先日もある教育関係者から言われた。

「ある部分だけを切り取って、ほらここにいじめがあると言っても、問題は解決しない」

そんなことは私だってわかっている。私は証拠さえあればいじめが解決するなどと言ったことは一度もない。でも同時に、教育関係者には「あなたたちは、証拠がなければ、その子がどんな状況に置かれているか想像すらしないでしょう」と言い続けてきた。

私は再三にわたって「教育に関わる大人たちが子供の声に真剣に耳を傾けてください」「子供たちが出しているヘルプを見逃さないでください」と言ってきた。でも内心は彼らにはできないだろうと思っている。

子供の世界をよく観察するといい。例えばテレビのバラエティ番組で、ボケ役のお笑い芸人が叩かれたり、本人が嫌がっているのにプールに突き落としたりする。それを見て大人が笑う。子供は同じことを学校でちょっと気の弱そうな子供相手にやってみる。これがいじめの始まりだ。

学校の先生は父兄に頭が上がらないと察知した子供は、強い者は弱い者の前では好き勝手なことができると判断する。大人は立場によって態度がころころ変わる。自分が相手より上位にいれば傍若無人に振る舞っても怒られない。立場が弱い人は理由もなくぺこぺこしている。テレビでも学校でもその他の場所でも、子供たちは恐ろしいほど大人の世界を観察している。そして大人たちの真似をしている。

約250件のいじめ調査を手がけ、被害生徒・児童、加害生徒・児童と話し合った結果、今私が言えるのは「子供たちのいじめは大人の世界を真似ることから始まる」ということだ。子供たちは大人の世界を学んで真似て、その結果いじめを行っている。

だから、いじめは子供たちだけの問題と考える限り解決不可能だろう。そういう前提に立った時点で大人たちは解決の糸口を失う。

いじめ自体は人間の世界には必ずあるものだと思う。もちろん大人の世界にも子供の世界にも。これを完全になくすのは不可能だろう。その現実とどう向き合うか？　からスタートしなければ、いじめをなくしたり減らしたりはできないだろう。

言い換えれば、いじめは子供たちだけの問題というスタンスを捨て、大人の世界の投影だと思わない限り事態は好転しない。いじめは子供の世界の問題と決めつける姿勢は、大人の身勝手な都合に起因している。このことは、いじめの現場に遭遇しいじめの実態を肌で感じている人には理解できるが、そうでない人には理解できないだろう。

政府がいじめ問題の委員会を作っても、委員たちが子供たちの声を聞いていなければ何も期待できない。政府の委員たちは基本的には紙の報告書を読むだけで、いじめが起きた現場で子供の声を聞いていない。少なくともいじめの現場に関しては私の10分の1の知識もないはずだ。その上、彼らが委員会で読む報告書にはその報告書を作る人のフィルターがかかっていて、作った人にとって都合の悪いことは書かれていない。彼らはウソの報告書を読んで机上でいじめ問題について議論しているにすぎない。

何々委員だとか教育界の重鎮だとか探偵だとか、立場はどうでもいい。1人の人間として子供の話に耳を傾けるのか傾けないのか。それがはるかに重要な問題だと思うのだが、偉い人たちが子供の声を聞けているとは、とても思えない。政府委員がいじめを減らせるなんてあり得ないだろう。

実際にいじめられた経験があって社会復帰している子供たちと、ファミレスでピザを食べながら話している時に彼らに聞いてみた。

「ニュースとかで、いじめ問題の委員会ができるって言っているけど、どう思う？」

すると、彼らは異口同音に、「何も変わらないと思うよ」と言う。

「だって、あのおじさんたち、やっているフリしているだけでしょ」と。

いじめの被害生徒・児童は、実際にいじめの現場を見ていない人には何もできないと思っている。実際のいじめの現場は、子供たちにとってはまるで戦場のように恐ろしい世界だ。そこで何が起きているのか、自分の目と耳で確認したことがない人がいじめ問題を語ってしまうことは、もっと恐ろしい。

今後いじめ対策の名目で新しい法律が作られるかもしれない。だが現場を知らない人の手で作られた法律が機能するだろうか。

私は、過去においてはある程度機能していた、学校の先生たちのいじめに対する抑止力が、今なぜ機能しないのかを考えるほうが有効だと思う。昔だって変な先生はいたし、問題のある先生もいた。だが今の先生よりは、いじめている子供を指導する力があったのは確かだ。

新しいいじめ対策の法律ができれば、現場の先生には今よりももっと大きな負荷がかかるだろう。そうでなくても今の学校の先生は書類作りやら会議やらで忙しすぎる。私はさんざん学校の先生を批判してきたが、その私の目から見ても、確かに今の先生が置かれている状況では、子供のいじめに目配りしろといっても無理だなと感じることがある。その先生たちにまた新たな役目、しかも現場を知らない偉い人たちの都合で作った役目を押しつけて、それでいじめが減らせるわけがない。

一つの新しいルールを作るよりも、先生の世界、あるいは大人の世界を、まともな人間関係があるといえる世界にしていくほうが先決なのではないか。何しろ子供は大人の真似をしていじめを行っているのだから。子供たちが行ういじめの材料は全部大人の世界にそろっているのだから。

なぜいじめの現場を知らない大人は、子供は大人とは違う、子供とはこんなものと思いたがるのか。それは単純に大人たちにとってそのほうが、気が楽だからだ。子供の世界は大人の世界の映し鏡と考えると辛すぎるから、あえてその真実から目を逸らしている。

大人の側が子供の世界に分け入って、そこで起きていることから目を逸らさない姿勢を持たない限り、いじめはなくならないし減少しない。子供は大人の世界を真似ていじめを行っているのだから、大人の世界が変わらない限りいじめは減らないのだ。

二言目には「子供の教育が大切だ」と言う大人は実に多い。でも教育する側の自分たちが変わることなくまともな教育ができると思っているとしたら、これほどおめでたいことはない。

あとがき

本書の内容に、驚かれた方もいらっしゃるかもしれません。この本を書いた理由は、必ずしもマスコミがきちんと伝えているとはいえない、今日の、小・中・高校生のいじめの実態を、1人でも多くの方に知っていただきたかったからです。

「信じられませんね。そんな話」

あるテレビ番組のディレクターが、私に投げかけた言葉です。彼女はテレビ局の一室に私を呼び出し、数台のカメラを三脚に固定し、犯人へインタビューするように、いじめの実態について問い質《ただ》しました。取材というより、尋問だなと私は感じて困惑しました。想像を超えるいじめの実態は、彼女には虚言に聞こえたのでしょう。

数カ月後、私がその時話をしたものと類似したいじめ事件が起こり、彼女は私に再度、取材を申し込んできました。

「考えを改めなければいけないと思いました」

もしも、彼女が尋問ではなく、まっとうな取材をして問題を追及していれば、同種のいじめの抑止力になっていたかもしれません。そのいじめとは、本書でも紹介した女子高校生が行う援助交際の強要事例です。

「お前らのような不良が神聖な教育の場に土足で踏み込むな」

ある高名な教育学の大学教授が、私に吐いた台詞です。でも我々からすれば、そもそも教育者たる教師が、いじめを受けた子供やその親に「証拠を持ってこい」と要求して始まったいじめの調査ですから、呼び出しておいて、出てくるなとはどういう道理なんだと思います。

彼はこうも言いました。

「証拠だ証拠だと偉そうに言ったって、問題には始まりと経緯がある。その一部だけを切り取って、いじめだというのは、事実を誤認する原因を貴様らが作っているにすぎないんだ、馬鹿者が！」

もしも我々が、始めに結果ありきで、一部を切り貼りして、やらせ番組のような編集をしているなら、そう言われても当然です。ところが、いじめの調査を通じ記録した音声・映像データはやらせではなく、何も手を加えていない事実です。仮に一部分だとしても、事実以外の何物でもないのです。

もちろん、全体の経緯を確認し裏付けを取ることは、調査においては当たり前のことであり、示された事実の背景は調べ尽くしています。

探偵稼業では、セクハラやパワハラ、不倫などさまざまな問題に触れます。そうした案件は、その教授が言う「神聖な教育の場」が舞台となっていることも多いのです。教師もやはり生身の人間です。

私自身の葛藤も、そもそも教育現場で起こるいじめ問題に証拠が必要なのかということです。そこが教育の場であるのなら、本来は教育で問題を解決するべきです。しかし、今日のいじめの実態を知れば知るほど、教育の場から教師以外の人間を閉め出そうとする姿勢は、教師のためにも、子供たちのためにもならないと思えてきます。

我々は探偵調査の範疇を一部超えて活動をしています。純粋に調査を行うのであれば、援助交際の強要において、援助交際の現場に踏み込み、子供を保護することはしないでしょうし、始まりから終わりまでを静かに調査するはずです。

なぜ、調査を中断し、危険を顧みず現場に踏み込むのかといえば、我々は探偵である以前に、人間であり、社会人だからです。少なからず、強要された子供たちは、誰でもいいから止めて欲しい、助けて欲しいと声にならない声を発しています。目の前で助けを求めている子供を放置し、職責の名のもとに見過ごすことは、我々にはできません。

このような状況を、根本的に解決していくことこそが、きっと教育に求められているのだと思いますが、迫りくる危機から子供たちを救助するためには、時として、調査だけでは不十分で、実力を行使せざるを得ません。このことは誰も否定できない事実だと、現場にいると感じるのです。

だから、我々は必要最低限の範囲で、被害生徒・児童を保護するために、圧倒的な力でいじめの現場を制圧することがあります。そうした現場に大事な従業員を送り込むのも、自分自身が踏み込むのも、覚悟が必要です。
T.I.U.総合探偵社のスタッフは、「常在戦場」という言葉を好みます。すべてにおいての覚悟を決めた上で、調査現場に立つのです。そして、私と同じ葛藤を持っています。できることなら、辛い現実を目の当たりにする悲しい結末が多いいじめ調査は、なくなって欲しいと心底思っているのです。
私が見た限りですが、子供たちのいじめは、大人たちの模倣です。バラエティ番組で、芸の無い芸人が内輪話をして、世間的に劣っている様子の1人を面白おかしく馬鹿にする。

嫌がる後輩芸人を斜面に突き落としたり、叩いたりしてみんなで笑う。一部の大人が、この世はお金がすべてと言う。そして、ある場面では、強い者が弱い者を踏みつけて平気な顔をしている。そんな大人たちの振る舞いを真似た結果、子供たちのいじめは凶悪化しているのです。

日本語は便利なもので、「窃盗」という犯罪を「万引き」という言葉で言い換えて、罪悪感を薄れさせるように、「いじめ」という言葉は「恐喝」「強要」「暴行」「傷害」「売春」「損壊」「強盗」の言い換えにすぎません。

私は、大人社会がもう一つ精神的に成長して、子供たちに何をしてはならないのか、ということをまともに示すことができない限り、悲惨な問題はなくならないと思っています。

我々は1人でも多くの子供たちを救えたらと思い、今日も目の前の問題を追いかけています。

最後に、私の恩師である日本メンタルヘルス協会の衛藤信之先生、我々の活動を陰ながら応援してくれている岡松久美子さん、出版のきっかけを作ってくれた松本桃子先生、ご尽力頂いたフリー編集者の桑原一久さんと幻冬舎常務執行役員の志儀保博さん、常に私の理想につきあわなければならず、危険に身を置くT．I．U．のスタッフ、そしてパートナーの佐々木真人、自分の健康管理を顧みることもなく仕事に没入する私を支えてくれる妻子、私に喧嘩の仕方を教えてくれた兄、そして私に生を与えてくれた両親に感謝の言葉を贈りたいと思います。

ありがとうございます。

2013年6月4日

阿部泰尚

構成　桑原一久

著者略歴

阿部泰尚《あべひろたか》

一九七七年、東京都中央区生まれ。T.I.U.総合探偵社代表。日本メンタルヘルス協会公認カウンセラー。東海大学卒業。

国内唯一の長期探偵専門教育を実施するT.I.U.探偵養成学校の主任講師・校長も務める。セクハラ・パワハラ被害者が被害の証拠を残すために行う当事者録音において日本随一の技術を誇り、NHK「クローズアップ現代」などで取り上げられる。

二〇〇四年、探偵として初めて「いじめ調査」を受件し、以降、約二五〇件のいじめ案件を手がけ収束・解決に導く。

連絡先 T.I.U.総合探偵社(電話〇三・五七七三・五五八九)

メールアドレス anshin@go-tiu.com

幻冬舎新書 308

いじめと探偵

二〇一三年七月三十日 第一刷発行

著者 阿部泰尚
発行人 見城 徹
編集人 志儀保博
発行所 株式会社 幻冬舎
〒一五一-〇〇五一 東京都渋谷区千駄ヶ谷四-九-七
電話 〇三-五四一一-六二一一(編集)
〇三-五四一一-六二二二(営業)
振替 〇〇一二〇-八-七六七六四三
ブックデザイン 鈴木成一デザイン室
印刷・製本所 中央精版印刷株式会社

Printed in Japan ISBN978-4-344-98309-0 C0295
あ-9-1
幻冬舎ホームページアドレス http://www.gentosha.co.jp/
*この本に関するご意見・ご感想をメールでお寄せいただく場合は、comment@gentosha.co.jp まで。

幻冬舎新書

藤井誠二

体罰はなぜなくならないのか

親が求め、教師が溺れ、学校が隠し、世間が許す。これまで体罰が原因で多くの子どもの命が奪われてきたが、私たちはみな共犯者だ。長年にわたり体罰問題を取材してきた著者が暴力の連鎖構造を抉る。

斎藤環

思春期ポストモダン

成熟はいかにして可能か

メール依存、自傷、解離、ひきこもり……「社会」を前に立ちすくみ確信的に絶望する若者たちに、大人はどんな成熟のモデルを示すべきなのか？　豊富な臨床経験と深い洞察から問う若者問題への処方箋。

林成之

子どもの才能は3歳、7歳、10歳で決まる！

脳を鍛える10の方法

年齢ごとに子どもの脳の発達段階は変わるが、それに合わせて子どもをしつけ、教育すると、子どもの才能は驚異的に伸びる！　その方法を、脳医学の知見からわかりやすく解説。

王貞治　岡田武史

人生で本当に大切なこと

壁にぶつかっている君たちへ

野球とサッカーで日本を代表する二人は困難をいかに乗り越えてきたのか。「成長のため怒りや悔しさを抑えるな」など、プレッシャーに打ち克ち、結果を残してきた裏に共通する信念を紹介。